心理讲堂

新时期官兵心理健康促进

主编 于泱 李权超

华南理工大学出版社
SOUTH CHINA UNIVERSITY OF TECHNOLOGY PRESS

·广州·

图书在版编目（CIP）数据

　　心理讲堂：新时期官兵心理健康促进/于泱，李权超主编. —广州：华南理工大学出版社，2015.10（2020.1重印）
　　ISBN 978 - 7 - 5623 - 4767 - 5

　　Ⅰ.①心… Ⅱ.①于… ②李… Ⅲ.①军人-心理健康-健康教育 Ⅳ.①E0 - 051

　　中国版本图书馆 CIP 数据核字（2015）第 226125 号

心理讲堂——新时期官兵心理健康促进
于　泱　李权超　主编

出 版 人：卢家明
出版发行：华南理工大学出版社
　　　　　（广州五山华南理工大学 17 号楼，邮编 510640）
　　　　　http://www.scutpress.com.cn　　E-mail: scutc13@scut.edu.cn
　　　　　营销部电话：020 - 87113487　87111048（传真）
责任编辑：黄冰莹
印 刷 者：虎彩印艺股份有限公司
开　　本：850mm×1168mm　1/32　印张：7.25　字数：201 千
版　　次：2015 年 10 月第 1 版　2020 年 1 月第 4 次印刷
定　　价：22.00 元

版权所有　盗版必究　印装差错　负责调换

编 委 会

主 编：于 泱 李权超
副主编：胡 艳（广州军区疾病预防控制中心，主治医师）
　　　　　陈济安（第三军医大学健康教育教研室，主任）
　　　　　郭静利（第二炮兵疾病预防控制中心，科主任）
　　　　　丁 魁（69245 部队 31 分队，心理咨询师）
　　　　　肖 炜（75701 部队卫生队，队长）
　　　　　李 刚（河北省武安市第一人民医院，科主任）
编 委（按姓氏笔画）：
　　　　　马 骏（75310 部队卫生队，队长）
　　　　　吴 宁（解放军 187 医院心理科，主治医师）
　　　　　严 威（75212 部队卫生队，心理咨询师）
　　　　　高 珊（广州军区疾病预防控制中心，研究实习员）
　　　　　魏明胜（75104 部队卫生队，队长）

序

心理健康是相对而言的，绝对的健康是不存在的，人们都处在健康和不健康的两端连续线中间的某一点上，而且人的心理健康状态是动态变化的，而非静止不动的。综合国内外最新研究进展，心理健康标准应涵盖下述五个方面：

一是正确的人生态度。正确的人生态度来源于正确的认识，正确的世界观。抱有正确人生态度的人，对周围的事物有较为清醒的认识和判断，即有远大的理想，又有实事求是的精神，因而能够与周围环境合拍，头脑清楚，眼界开阔，立场坚定，既不保守，也不冒进。正确的人生态度使他们分析问题、处理问题时比较客观、稳妥，与时代共同进步，心态始终保持积极、平和、向上、乐观、理智的状态。

二是满意的心境。满意的心境是健康心理的重要内容，心理健康的人对自己、对他人、对社会、对工作、对学习、对生活都比较满意。换句话说，心理健康的人幸福感强。全世界范围内的调查显示，幸福感与金钱、地位、文化程度没有直接相关关系。比如说，扫地师傅每月工资1800元，白领人士月薪15000元，农民没有工资，三者比较起来，老农与扫地师傅的幸福感相差无几，但可能高于白领人士。再比如，大学毕业后没找到工作或者工作不理想的人，他们的幸福感也比不上我们部队的一名士官。幸福感缺失必然影响心境，对心理健康也就会有影响。

三是和谐的人际关系。乐于交往的人往往能在相互交往中得到尊重、信任和友爱。这是因为他们以同样的态度对待别人,因而减少了很多不必要的矛盾。与人为善的人能够与大家互相理解,彼此感情融洽、协调一致,相互配合默契。人际关系和谐,心情当然就比较舒畅,心理会处于健康状态中。

对于人际关系的重要性,很多人没有完全认识到,片面地认为人际关系就是请客送礼,就是拉拉扯扯,正派的人不需要过分讲究人际关系。其实这些观点是错误的、有害的。大量事实已经证明,人生成功的70%以上的因素归功于良好的人际关系,这在我们周围比比皆是。认为搞好本职工作就可以被上级认可,这是幼稚的、不全面的想法。其实,人一出生就要与人打交道,长大后除了睡觉和单独行动外,大部分时间都在与人交往。

人际交往既是目的,也是手段。但归结为一句话:良好的人际关系是一个人心理健康与否的重要标志。

四是良好的个性、统一的人格。良好的个性是健康心理的重要标志,无论在什么情况下都应保持统一的人格,做到自信而不狂妄,热情而不轻浮,坚韧而不固执,礼貌而不虚伪,灵活而不油滑,勇敢而不鲁莽,既有坚持到底的精神,又不顽固执拗,始终保持坚强的意志,诚实、正直的作风,谦虚、开朗的性格。

五是适度的情绪、充分的理智。人与动物区别在于有理智。健康心理必须有自我控制能力,有适度的情绪,不过悲、过喜、过忧、过怒。要用积极的情绪战胜消极情绪,不使消极情绪、过激情绪维持较长的时间。要始终保持热情饱满、乐观向上的情绪,而不应有低下猥琐、泪洒悲观的情绪,更不要反复无常。

生活中没有真正绝对健康的人，心理健康标准只是提供一个心理健康促进的方向。那么，如何实现心理健康呢？

第一，要有正确的认识。其中，最有效的认识工具是毛泽东从前讲过的战略战术两分法，即在战略上不要害怕心理问题，因为在多数情况下心理问题并不会夺去人的性命，但在战术上要重视心理问题，因为有时心理问题带来的精神痛苦确实会让人舍生求死。有了这种基本把握，才能在不惧、不躁的大前提下准确把握行动的分寸，妥当处理遇到的问题。

第二，学习一些心理学知识。有些人心理问题不重，但却受到极大的困扰；有些人虽然存在比较严重的心理问题，却仍然可以正常地生活和工作。其间的差别，就在于是否掌握了必要的心理学知识。比如，某人有轻微的疑心倾向，每次出门后总是怀疑自己是否已经锁好了门。如果走出不远，实在受不了时转回头来再检查一遍也就心安了。但若一下子出差到外地，则在整个出差过程中都会心神不安，难受得不得了。另一人同样也有上述倾向，但由于他具备一定的心理学知识，知道这是一种心理现象，故他通过几次抽查发现自己每次确实已经将门锁好之后，以后再有该疑心现象出现，他就用理智说服自己不要再想这件事，甚至形成了将钥匙放在手包的某个位置以证实门确已锁好的习惯，来帮助自己克服自寻的烦恼。

第三，掌握一些心理支持资源。人的心理也是一种流动的、具有新陈代谢功能的存在，它不但从外界吸纳信息，也需要不断向外排出代谢物，如怨气、喜乐和多余的精力等。但不同于动物的生理排泄和植物释放二氧化碳这种不借助外物的方式，心理能量对外输出多需要借助环境、活动和他人等外在的支持资源，例如，没有倾听者，诉者心中的苦恼就很难宣泄；没有适当的运动场所和爱好，多余的精力就不好消耗。因此，普通人保持心理健康的最重要的办法就是掌握必要的心理支持资源，如有一两位谈得来的朋友、两三项正当的娱乐爱好、三四个爱去的场所等，这样心理一旦有了需要排解的需求，就可以通过诉求于这些资源，使心理得到平衡。

第四，采用必要的心理保健措施和方法。最重要的措施莫过于专注于自己的学习或工作、避免不良嗜好或沉迷网络、保持适当的社会交往、拥有与自身条件相符的人生态度、满足正当的生理需求及保证基本的身体健康条件等。最常用的方法莫过于宣泄心中不快、分享人生喜乐、回避对自己有心理威胁的人和事、寻找自己的闪光点和成功之处，以及简化自己的思想等。对具体的个人来讲，实际掌握的措施和方法不一定要多复杂、高深，只要能实际解决自己的问题就行。

第五，必要时寻求帮助。当自己确实已经无法应对所面临的心理困扰时，就应毫不犹豫地寻求外界的帮助。对于一般性的心理困扰，可以向年长者或有过同样经历的人寻求帮助；对于非常见的或比较严重的心理困扰，则应向专门从事心理咨询工作的专业人士咨询。

著名文学家杨绛先生在《一百岁感言中》有如下两段文字：

上苍不会让所有幸福集中到某个人身上，得到爱情未必拥有金钱；拥有金钱未必得到快乐；得到快乐未必拥有健康；拥有健康未必一切都会如愿以偿。

保持知足常乐的心态才是淬炼心智、净化心灵的最佳途径。一切快乐的享受都属于精神，这种快乐把忍受变为享受，是精神对于物质的胜利，这便是人生哲学。

是为序。

刘乐斌

2015年7月于羊城

前　言

"心理素质是战斗力，心理服务出战斗力"。为实施全程、全方位、全开放为部队心理服务工作，创新服务理念，促进服务工作转型升级，广州军区疾病预防控制中心党委组织相关心理服务人才开展了大量卓有成效的工作。习主席提出部队"三个牢记"，为我们工作指明了方向，心理服务工作也要从提高部队战斗力出发，确保官兵在各种军事任务面前不退缩、不畏惧，敢打仗、打胜仗。

何为健康促进？1986年在加拿大渥太华召开了第一届健康促进国际大会，大会发表的《渥太华宣言》中指出：健康促进是指促进人们提高和改善他们自身健康的过程。

心理健康是整体健康的重要组成部分。心理健康促进包括四个主要内容：一是认识自己，悦纳自己。平静而又理智地看待自己的长处与短处，冷静地对待自己的得与失；既不以虚幻的自我来补偿内心的空虚，也不回避漠视自己的现实，更不以怨恨、自责以至厌恶来否定自己。二是面对现实，适应环境。在现实生活中，我们应有"走自己的路，任他人去说"的精神。若总是考虑："对不对得起别人？""别人会如何看我？"也就失去了自我；另一方面，我们也应注重朋友的忠告，当别人谈论自己、批评自己时，应该及时反省一下自己的行为，做到"有则改之，无则加勉"。三是结交知己，与人为善。与他人在一起，不仅可得到帮助和获得信息，还可使双方的苦、乐和能力得到宣泄、分享和体现，从而促使自己不断进步。与人友好相处有利于健康，应尽量使自己正面情绪如尊敬、信任、喜悦等，多于反面情绪如仇恨、嫉妒、怀疑、憎恶等。四是挫折磨砺，积极进取。在人生的道路上，挫折虽是不可避免的，但对于一个具有坚强毅力的人来说，它不仅仅是磨难，同时也是促使人健康成长的催化剂和清醒剂。

　　心理与疾病的密切关系已得到广泛证明。比如，爱激动的人心脏容易出现毛病，爱生气的人肝脏容易受到损伤，爱将就的人容易肥胖，爱着急的人血压容易升高，如此等等。近年来有种超前的心理学理论，认为人的心情对健康的影响十分重大，而且得出结论，心情有以下几个特点：①心情超时空。②心情超光速。③心情是完全定向的，想到哪里就立刻到达哪里。④心情具有残留性。所有的心情都会有残留，残留到了一定的程度，就会由量变到达质变。⑤心情是一种永恒的能量。⑥心情是真正的物质，是人类全部的支撑。⑦心情是可以清扫的，失去的心情可以重新拿回来的。人的心情，可以修改，这就是反参。人的心情，也可以转化成物质。比如，有些人的不良心情转化成了癌症；有些人的不良心情转化成了灾难；人们悲伤的时候，心情可以转化成眼泪；想哭的时候，嗓子里就有哽咽感；着急的时候脸会红；害怕的时候脸会白；害羞的时候脸会红；等等。

　　开展健康促进的核心，就是改善人们的心态，提高人们适应环境、适应社会的能力。军人是一个特殊群体，心理适应能力的重要性不言而喻。本书21篇讲座文稿都是围绕如何提高官兵心理适应能力而撰写，既有平时的心理健康促进，又有战时的心理健康维护；既有情绪的调节管理,又有性格的培养塑造;既对理论知识有所涉及,又对具体调适方法深入阐析。之所以写成讲座辅导课形式,目的是方便基层部队官兵学习阅读。

本书作者均具有心理学专业知识或临近学科知识受教育背景,在部队长期从事心理服务工作,有一定的实践经验。但囿于自身能力、水平高低不一,书中难免存在纰漏,敬请广大战友们批评指正。

作者
2015 年 7 月

目 录

七色彩虹——谈青年官兵的情绪管理……………………… 1
点滴养成——谈青年官兵的性格塑造……………………… 15
友善和谐——谈青年官兵的人际交往……………………… 26
超越自我——谈青年官兵的情商培养……………………… 36
境由心生——谈青年官兵的阳光心态……………………… 46
看淡得失——谈青年官兵的心理平衡……………………… 57
自我修炼——谈青年官兵的内心和谐……………………… 66
快乐工作——谈青年官兵的人生幸福……………………… 79
解性释惑——谈青年官兵的性心理健康…………………… 86
幸福港湾——谈青年官兵的婚恋与家庭…………………… 97
珍爱生命——谈青年官兵的自杀防范……………………… 107
理智失缰——谈青年官兵的激情犯罪……………………… 116
张弛有度——谈青年官兵的压力调控……………………… 123
主动应对——谈青年官兵的心理调适……………………… 132
苦其心志——谈青年官兵的军训心理……………………… 141
砺胆激气——谈青年官兵的心理训练……………………… 153
积极管控——谈战前官兵的心理应激……………………… 164
敢打必胜——谈战时官兵的心理应激……………………… 172
坚定意志——谈战时官兵的心理防御……………………… 183
犯边必诛——谈海上维权的心理防护……………………… 192
心事心匙——谈青年官兵的心理疏导……………………… 205

七色彩虹
——谈青年官兵的情绪管理

所谓情绪，是人们在生活中对外界是否合乎自己心愿而产生的内心体验。在我国古代就总结出了人们的七种基本情绪：喜、怒、忧、思、悲、惊、恐。正常情况下，七情六欲，人皆有之，属于人类正常生理现象，是人对外界刺激和体内刺激的保护性反应，有益于身心健康。但是，七情太过，如大喜大悲，则对人体机能产生破坏作用。一个人遇到大喜之事时，会觉得心气涣散、心神恍惚、神不守舍，甚至出现嬉笑、癫狂等异常表现，这是大喜伤心的缘故。类似地，一个人思虑过度，则会引起气机郁结，出现茶饭不思、心悸少寐等症状，这是思虑伤脾的缘故。此外，"恐伤肾，怒伤肝，悲伤肺"等都是非常准确的经验归纳。由此可见，七情太过对人的身体确实有不小的危害。

在基层部队患胃溃疡的战士很多，什么原因呢？因为这些同志工作压力过大，身心长期处于紧张状态，自己不懂得如何放松，导致胃肠功能失调，胃部发生疾病就在所难免了。除了胃溃疡，高血压、癌症、心脑血管病、脱发、失眠、头痛等很多常见病，都与情绪密切相关。

在部队中，有些同志不善于管理自己的情绪，小则引起一些身心问题，大则引发事故。几年前，一名军事素质很棒的科长，他脾气火爆。一次在地方宾馆门前停车时与保安发生口角，本来互让一步就没事了，没想到双方竟动起手来，几名保安把这位科长推倒在地，无巧不成书，他后脑勺着地时竟磕在了一个石块上，当时就起了个包，谁知送医院后没过几小时竟然不治身亡。年轻人血气方刚，有时若不注意控制自己的情绪，就会发生一些本可以避免的事情，等人清醒时已追悔莫及。

情绪会伴随人的一生，善于调控情绪的人，不但身心健康，而且行事理智，即便一时情绪失控，也会很快恢复常态，不会导致大的错误。相反，不善于或者不会自我调节情绪的人，往往冲动易怒、行为鲁莽，导致人际关系紧张、工作不顺等后果。所以掌握情绪管理的技巧对一个人来说太重要了。

一、情绪的三种状态

情绪状态是指在一定的生活事件影响下，一段时间内各种情绪体验的外在表现。依据情绪发生的强度、速度、紧张度、持续性等指标，可将情绪分为心境、激情和应激三种状态。

（一）心境

心境是一种持久的、微弱的、影响人的整个精神活动的情绪状态。心境影响一个人的日常行为和活动可达几小时、几天甚至数周以上。从其影响范围来说，具有非定向的弥散性。

"仰天大笑出门去，我辈岂是蓬蒿人"，是一种豁达的心境。"朱门酒肉臭，路有冻死骨"，则是一种为民生民计深受煎熬的心境。

心境产生的原因是很多的。诸如人际关系变化、重大事件发生、工作的顺利或挫折、身体状况、环境变化，乃至人们所处的经济地位和社会地位，都会引起心境的变化。但引起心境的原因，并不是都能被人们所意识到的。所谓"莫名的烦恼"就是这种现象。当然，一个人的心境并不是由环境及生理条件机械地决定，由于个人经历、世界观、人生观、价值观，及个性心理特征的不同，不同的个体，往往具有不同的、独特的、比较稳定的心境状态。观察我们周围的人，往往可以发现有的人经常处于积极乐观的心境之中，而有的人则经常处于忧郁愁闷的心境之中。

（二）激情

激情是一种爆发式的、猛烈而时间短暂的情绪状态。如暴怒、恐惧、狂喜、绝望等都属于这种情绪体验。

激情具有爆发性和冲动性，同时伴有明显的生理变化和行为表现。当激情到来时，大量心理能量会在短时间内骤然而出，如疾风骤雨，使当事人失去了对自我行为的控制力。激动性、冲动性和短时性是激情的显著特点。在出现激情时，人们往往暂时减弱或失去控制自己行为的意志力，可能出现轻率的举动。

激情有积极和消极两个方面。激情可以激发内在的心理能量，成为行为的巨大动力，提高工作效率并有所创造。积极的激情，常常能调动人的身心的巨大潜能，激励人们奋不顾身地去克服艰难险阻，朝着正确的目标奋进。例如，战士在战场上冲锋陷阵、见义勇为等；画家在创作中尽情挥洒、浑然忘我。

消极的激情有很大的破坏性和危害性。激情中的人有时任性而为，不计后果，对人对己都造成损失。个别军人犯罪，就是在激情的控制下，一时冲动，酿成大错，如打人、摔东西乃至严重的破坏性行为等。下面我们就看一个因为激情状态引发的朋友纠纷。

小王与何俊不仅是同一年入伍的兵，还是同一个镇的老乡，两个人由于经历相同、感情和谐、脾气匹配（小王性格内向一点，何俊性格则外向开朗），在军营里是一对大家羡慕的亲密朋友。然而，前不久发生的一件事情，却使这对好朋友怒目相视，事情还要从他们业余时间打扑克说起……

一个周末的下午，爱玩爱热闹的何俊，叫来了两个人与小王一起打扑克，他们四个人一边玩牌，一边聊天喝啤酒，很是热闹。不一会儿，何俊因喝了啤酒，脸红得像一个秋天的大苹果。小王这个闷葫芦望着何俊红脸的模样，也不禁开起玩笑了，他说："喂！你们看，何俊像不像我们卫生队的那个戴小英，那个女卫生员真的脸很红哦！就像何俊的脸一样，他们是亲戚关系吗？哈哈哈……"

何俊有点不高兴，回了一句"别乱说话！我和她可没有什么亲戚关系啊！"其他的人看何俊这样认真，故意逗他说："那可不一定。"小王这时也插话说："别不好意思，你们两个说不定还真有什么我们不知道的特殊关系吧？"说完还向其他人挤眼睛。何俊有些急了："胡说！再胡说我就不客气了！""那有啥啊？有关系就有关系嘛，怕什么……"

"啪！啪！"两个巴掌朝小王的脸上挥去，小王向后闪躲不及，脸上立即出现了红指印。他立即站了起来，口里说："你小子六亲不认了吗？"说着也挥舞着拳头向何俊的鼻梁上击去，顿时打成一团。另外两个朋友忙着拉架，可是已经红了眼、扯破脸、处于激情状态的两个好朋友却谁都不肯住手了……

两个昔日的好朋友，因此而夭折了他们之间美好的友谊，从此视对方为陌路人……

对于积极的激情，我们应持鼓励、赞扬的态度；而对消极的激情，则要求用理智和意志加以控制和调节，以达到合理释放或转移的目的。控制激情的方法有数数、散步、深呼吸、欣赏音乐，找人谈心或在临近爆发时"舌头在嘴里转三圈"等，最根本的方法是加强个人修养，提高知识水平。

（三）应激

应激是出乎意料的紧迫情况所引起的急速而高度紧张的情绪状态。在应激状态下，人的整个机体受惊动，并很快地改变有机体的激活水平，使心率、血压、肌肉紧张度等发生显著变化，引起体内多种激素分泌的增加，情绪进入高度应激化。此时，机体动员自身的心理储备资源，以应付强烈的或超强的外界影响的机体防御性反应。

在日常生活中突然遇到火灾、地震，官兵在外出旅途中突然遭到歹徒的抢劫……无论天灾还是人祸，这些突发事件常常使人们在心理上高度警惕和紧张，并产生相应的反应，这都是应激的表现。

应激的生理反应大致相同，但其外部表现却有很大差异。作为军人而言，引发应激的事件多为训练、任务和战争。军人积极的应激反应：沉着冷静、急中生智，全力以赴地排除危险，克服困难，解决问题。消极的应激反应：惊慌失措、一筹莫展，采取错误的行为，加剧了事态的严重性。

为什么人们在应激面前会有不同的表现呢？研究认为，这主要与人们的心理储备有关。心理储备充足与否，直接影响到人们在关键时刻的态度与行为。

这种心理储备主要表现在以下几个方面：

第一，知识面宽广的程度。一个博学多才，掌握多种基本知识、技能的人在激情面前会及时动员自己的智力储备资源。

第二,平时的训练和经验积累。比如,接受过防火演习和救生训练的军人,在遇到类似的突发事故时就可以正确及时地逃生和救人。生活中发生的应激事件是很多的,如果我们善于总结经验,那么在应激面前就不至于手忙脚乱。

第三,个性心理特征与意志品质。一般来说,性格坚强、意志顽强的人,心理承受能力也比较强,所以在应激时刻往往表现得从容镇静、机敏勇敢。

第四,思维的灵活性和行动的准确性。遇到应激事件时,时间紧迫,情况危急,只有高度灵活与准确的思维和行动才能做到随机应变,化险为夷。

二、常见不良情绪

一个人成熟与否的重要标志,就是能否察觉到自己的情绪反应,并将情绪反应控制在一个适当的范围内。体察自己的情绪就是要知道"我现在的情绪怎样?""我为什么要有这样的情绪?""这种情绪的后果是什么?"比如说,你交代别人完成一件事情,可这人是个慢性子,等时间到了他仍未完成。于是你会生气,还会指责他,最终闹得大家都不愉快。如果你将发火时,想到"这人就是这个样子,别太计较",那么你胸中的火气就自然消去了。所以,学会体察自己的情绪确实很重要。心理学上有个公式:情绪察觉+行动=心理成长。当一个人知道自己脾气不好时,拿出行动改变自己的坏脾气,那么心灵上就得到一次成长。

(一) 焦虑

焦虑是一种常见的不愉快的情绪状态。在军营生活中,没有人能说与焦虑无缘,无论多么健康的人都会有,比如面临工作压力、入学和晋升考试、评功评奖、复转去留等现实问题时,由于对未来不确定性的担忧,难免会有焦虑情绪。

焦虑情绪包含三个方面特征:一是紧张、害怕;二是烦躁不安、心神不宁;三是担心、忧虑。由这些特征构成了一种朦胧的预感,不幸或危险即将来临。由此所产生的复杂消极情绪状态即为焦虑。焦虑不同于恐惧,恐惧是由危险导致的,当事人清楚知道恐惧的对象和情境；而焦虑是由当事人面临的潜在性威胁所引起的，造成焦虑的因素可能发生，也可能不发生。如战前战士焦急的等待状态，可能产生焦虑情绪。而战场上冒着枪林弹雨，随时会有生命危险，对战士则构成直接威胁，造成恐惧。焦虑的程度主要取决于当事人对情境的主观评价、人格特征、既往经验，以及对未来结果的估计等等。

焦虑产生后，常出现交感神经活动机能亢进现象，诸如脉搏加快、血压升高、呼吸加深、出汗、四肢震颤、烦躁、坐卧不宁等。进一步发展可出现副交感神经活动增强的征象，如腹泻。焦虑在心理方面的表现很复杂，除上述特征外，还常出现失眠、头痛、注意力不集中、内心忐忑不安、犹豫不决、易于激惹、无效动作增多等等。

焦虑情绪并不都是有害的。适度的焦虑可以提高人的警觉水平，引起人的紧迫感，促使人采取合适的方式及行为对付应激，以实现预期目的，有益于适应环境。如考核前适度的焦虑可促使我们对考核重视，激励我们做好一切必要的准备。过度焦虑则会成为一种疾病，造成交感神经的失调，出现一系列自律神经失调症状。例如晚上睡得不好、失眠、注意力不集中、记忆力下降、头痛头晕、四肢酸痛、眼睛干涩、烦躁易怒等，较严重者会有心跳加快、呼吸困难、莫名其妙发抖与盗汗、胸痛、肠胃不适等。

(二) 愤怒

愤怒情绪，是一种很常见的人类基本情感成分，盛怒之下，人的身体通常会呈现高度紧张的状态，心跳加快、血管扩张、心律紊乱。愤怒状态中，人的认识范围就会缩小，理智分析的能力受到抑制，思维阻塞，大脑皮层对行为的控制能力减弱。当我们勃然大怒时，容易做出很多错误或失态的事情。

不同人处理愤怒的方式是不同的，有的人"沾火就着"，易激惹，也有的人过分压抑愤怒，还有的人喜欢把愤怒情绪转移。有些不善于"制怒"的官兵常常会不考虑时间、场合、对象，胡乱地发泄愤怒。这样的人，人格往往具有相当的冲动性，耐受愤怒情绪的能力很差，倾向于以"见诸行动"的方式来暂时缓解内心的压力。过分压抑愤怒情绪的官兵，早年家庭环境往往具有抑制情感表达的特点，在外人看来很温顺，是真正的"好人"，而内心却如一座沉默的火山，外表虽平静，而长期压抑情绪的结果，或者可能导致某一天在忍无可忍的情况下来个"总爆发"，或者导致心理疾病。转移愤怒情绪的行为，在生活中很常见，比如有人在工作中受到领导批评，回到家中就莫名其妙地迁怒于自己的妻子或孩子。

愤怒是一种侵袭人际关系的利刃。人们在愤怒情绪支配下，往往不顾及他人的尊严，不给别人面子，常常严重地损害他人的情感与自尊，形成人际间难以弥补的鸿沟。谁愿同一个脾气暴躁、动辄大怒的人共事或相伴一生呢？许多时候我们觉得跟直接产生矛盾的人沟通有困难，常习惯于采取别的渠道泄愤，但真正正确的做法是在产生愤怒的地方解决愤怒，尽量找机会以合理的方式表达自己的意见，这样尝试后，往往会发现，其实许多愤怒正是由于沟通不畅导致的。

(三) 恐惧

当人面对危险时会产生不同程度的恐惧情绪，这是人正常的心理反应。但当危险过后恐惧心理难以消除，或对并不可怕的事物产生过分的恐惧心理，或自知恐惧不必要、不正常，却难以自控，感到不安、痛苦、害怕，即是恐惧情绪障碍。

在生活工作中，军人中最常见的恐惧是人际交往恐惧。比如有的战士想好了的话在众人面前却讲不出来，过后又感觉自己无能并很痛苦；还有的军人与战友、领导、异性交往时不知所措，尤其是在与异性交往中更是极度紧张、畏惧。这些情绪反应主要表现为面红耳赤、不自然、不敢与别人的目光相对，害怕别人从自己的视线中看出自己的内心世界，由此产生敏感的想法。有人际交往恐惧的人也常常表现明显的焦虑和回避行为，当他们意识到将要接触所恐怖的人际情境时，最先产生紧张不安、心慌等现象，为了避免产生进一步的恐怖情绪，他们便主动回避与这类情境接触。还有的新战士对夜间站岗恐惧。其实新兵夜间站岗感到害怕是一种正常的心理反应，有些人害怕的时间持续长些，程度严重些，但是只要注意加强心理调节和锻炼，是完全能够逐步调整过来的。如若调整无效，可以寻求心理咨询师或心理医生的协助。

（四）嫉妒

嫉妒是恐惧（恐惧他人优于自己）和愤怒（愤怒他人优于自己）的混合心理。嫉妒的主要特征是，把别人的优越之处（这种优越往往是他自己想要取得的）视为对自己的威胁。因而感到恐惧，感到愤怒，于是借助贬低甚至诽谤中伤他人的手段来摆脱恐惧的困扰，以求得心理上的平衡。

人最容易对那些条件与自己差不多的人产生嫉妒，对一个大大强于自己的人或大大低于自己的人，都难以产生嫉妒。虽然嫉妒广泛存在于生活，但不能因为如此就认为它是正常的。培根说过："其实每一个埋头沉入自己事业的人，是没有功夫去嫉妒别人的。因为嫉妒是一种四处游荡的情欲，能享有的只有闲人。"一个高尚、正直的人，对别人的成功，会感到由衷的高兴。

嫉妒可以缓解、转化，如一个人成功时被人嫉妒，一旦落难，过去的嫉妒者也会变成同情者。在这个过程中存在着一个较短的"幸灾乐祸"的情绪过程，这说明嫉妒心理是平均主义的心理追求，别人的超越意味着自己生存位置的倒退，对方的落难意味着个人位置价值的上升。而表现出来的同情可以掩饰过去因嫉妒而产生的内疚，避免心灵的自责。嫉妒缓解的另外一种情况是，与被嫉妒者距离拉得太大，经过一段惆怅之后，嫉妒失去了基础或者彼此离开，摆脱了利害关系，嫉妒也就成了"无源之水"。

三、情绪的自我管理

（一）自我暗示法

我们都知道"望梅止渴""杯弓蛇影"的成语，讲的都是心理暗示的效果。其实，生活中心理暗示的故事随处可见。

某人喜欢新鲜空气的程度，无人能及。一年冬天，他到一家高级旅馆住宿。那年冬天奇冷，因而窗子都关得严严实实的，以防寒流袭击。尽管房间里舒服无比,但他一想到新鲜的空气一丝都透不进来时,就非常苦恼,辗转难眠。到了最后,他实在无法忍受,便捡起一只皮鞋朝一块玻璃样的东西砸去,听到了玻璃碎裂的声音后,他才安然进入梦乡。第二天醒来,展现在他眼前的是完好如初的窗子和墙上破碎的镜框。

一位工人下班后被锁在"冷库"里,第二天被人们发现时已冻死了,而令人惊奇的是,那天根本就没通电,冷库里只是常温。

心理暗示的作用是巨大的,消极的暗示能扰乱人的心理、行为以及人体的生理机能;而积极的暗示能起到增进和改善的作用。

我们多数人的生活境遇,既不是一无所有,一切糟糕;也不是什么都好,事事如意。这种一般的境遇相当于"半杯咖啡"。你面对这半杯咖啡,心里产生什么念头呢?消极的自我暗示是为少了半杯而不高兴,情绪消沉;而积极的自我暗示是庆幸自己已经获得了半杯咖啡,那就好好享用,因而情绪振作,行动积极。

所以,紧张的时候默默鼓励一下自己"我很棒,我是最好的,我有比其他人优秀的地方,我某某方面做得比较好"等等,会起意想不到的积极暗示作用。

(二)认知调整法

现代心理学理论认为:一个人情绪的变化,与发生的事情本身关系并不大,但与一个人对这个事情的看法很有关系。换句话说,面对同样的一件事情,有的人心地坦然,有的人耿耿于怀,造成这种差异的原因是你如何评价这件事。例如某同志受到领导批评,如果他认为自己确实不行,就会坦然面对批评;如果他认为原因是被领导看不起,那么他就会焦虑、难过;如果他认为领导处事不公,他就会感到愤怒不平。正是不同的看法、观点,导致自己情绪发生不同的改变。下面举个例子也许能说明"认知调整法"的意义。

有位举子第三次进京赶考,住在一个经常住的店里。考试前两天他做了三个梦,第一个梦是梦见自己在墙上种白菜,第二梦是，下雨天，他戴了斗笠还打伞，第三个梦是，梦见跟心爱的表妹脱光了衣服躺在一起，但是背靠着背。

这三个梦似乎有些深意，举子第二天就赶紧去找算命的解梦。算命的一听，连拍大腿说："你还是回家吧。你想想，高墙上种菜不是白费劲吗？戴斗笠打雨伞不是多此一举吗？跟表妹都脱光了躺在一张床上了，却背靠背，不是没戏吗？"举子一听，心灰意冷，回店收拾包袱准备回家。店老板非常奇怪，问："不是明天才考试吗，今天你怎么就回乡了？"

举子如此这般说了一番，店老板乐了："哟，我也会解梦。我倒觉得，你这次一定要留下来。你想想，墙上种菜不是高种吗？戴斗笠打伞不是说明你这次双保险吗？跟你表妹脱光了背靠背躺在床上，不是说明你翻身的时候就要到了吗？"

举子一听，更有道理，于是精神振奋地参加考试，居然中了个探花。

在生活中，很多人由于有"非黑即白"的错误观念而造成心灵痛苦，尤其是在看人时，"不是朋友就是敌人"。其实，世界上没有纯粹的黑白之分，我们经常看见的往往是黑白之间融合的灰色地带。好人与坏人、君子与小人，大多时候也是善恶参半的。掌握了认知调整法，我们就学会了辩证地看人、识人、待人，对人不可求、不强求，因为人皆有优点，也皆有缺点。从孔子时期流传至今的"三季人"的故事就告诉我们如何与"异己"相处。

（三）无损宣泄法

发泄是心理学中提倡的心理防御机制之一。为了避免精神上的痛苦和不快，避免遭受挫折后可能产生的生理疾病，人们常常会采用各种心理防御机制，以维持自身的心理平衡。

当一个人在生活或工作中受到挫折或打击后，由于种种原因，当时无法将受到的委屈或不满情绪表现出来，只好把这种负性情绪压抑下去。但由于人的心理承受力是有限的，不良情绪长期积郁在心中，人的心理就会出现严重的失衡，也很容易导致疾病。为了维持自身的心理平衡，人们就需要去寻找一个恰当的对象将个人的消极情绪予以宣泄，使心中积压的负性情绪得以稀释，从而摆脱这种负性情绪的干扰，保持心理的平衡。因而，宣泄可以帮助人们排遣不良情绪，但宣泄要合理，不要伤害到别人，更不能违反军队的纪律和规章制度。

如何做到无损宣泄呢？

一是倾诉：当自己被心中的烦恼与忧虑困扰时需要找个出口，可向亲人、朋友、战友倾诉。

二是写日记：通过记日记的形式将自己的内心感受倾诉出来。

三是运动：坚持进行适当运动，让自己全身动起来，将不佳的情绪由内部转移到外部。

四是发泄：可在空旷的、不影响他人的环境中用力呼喊；或用模拟物替代发泄对象进行宣泄，比如拳击沙袋。

五是哭泣：任何人都可能遭遇到令自己伤心痛苦的事情，当感到悲痛时不要强行压抑，应该痛快地哭出来，将悲伤的情绪释放。

宣泄法的运用要注意以下几点：

（1）以社会认可的途径表达自己的情感，要注意方式、方法、时间和场合，尽量不影响别人，不损害自己，否则会带来新的情绪困扰；

（2）要有节制，尽可能通过一定的想象减缓情绪的强度；

（3）努力用道德、理智、美感等人类的情感，去控制低级情感的发生，提高自己对非理智行为的洞察力。

（四）心理养生法

《黄帝内经》中有句著名的话："精神内守，病安从来"。指的是人对自己的意识思维活动及心理状态进行自我锻炼、自我控制、自我调节，使之与机体、环境保持协调平衡而不紊乱，人就不会发生疾病。现代科学也证明，高雅的生活情趣体现出一个人对美好生活的追求，相应的就会有健康的心态。因此，要想情绪舒畅，就不能忽视心理养生。

一是制怒。我们从小就受到大人和老师的教导：办事要理智,不要鲁莽,不要感情用事。实际上,每个人都有理智的一面,也有不理智的一面,无论你岁数多大、职位多高,总有情绪冲动的时候。请看一个真实的故事,大家会明白不理智的严重后果。

冲动是魔鬼

美国加州有个叫彼得的货车司机,他有一台货车,平时非常爱惜。有一天,他4岁的女儿用铁丝在车身上划出无数道刮痕。他愤怒极了,用铁丝把女儿的手绑住,让她在车库罚站。当他想起女儿的时候,已是4小时过去了。女儿的手被绑得血液不通,只有截去手掌才能保住性命,女儿就这样失去了一双小手。而半年后,彼得的货车进厂重新烤漆,又像全新的一样。女儿看着货车说:"爸爸,你的货车好漂亮啊,看起来像台新车。"然后女儿天真无邪地伸出那双截断的手说:"但是你什么时候把手还给我呢?"彼得再也承受不了良心的谴责,竟然开枪自杀了。

只因一时之气,便毁掉了女儿的双手,而因一时之悔,又结束了自己的生命,多么震撼人心!一切不过源于能够弥补的过失,却因一时的冲动,犯下永远不能改正的错误。冲动是一件多么可怕的事情!

人们常说:"三思而后行""谋定而后动"。如果真能做到三思而后行,多少错误可以避免啊!一辆耀武扬威的大卡车后面钉着一块大木牌,上面写道:"本车与他车相撞17次,其中15次胜,1次平局,只有1次失利。诸君在撞我之前要三思而后行!"这是笑话吗?生活中有很多这样的"卡车",不与人相撞几次后不懂得收敛,而结果是好是坏,恐怕只有当事人自己心里清楚。

二是豁达。有的人一辈子悲悲戚戚、郁郁寡欢:房子不如人家的大——不爽,车子不如人家的好——不快,官职没有人家高——不服……可有的人一辈子痛痛快快、高高兴兴,却也不见得拥有多少财富和权力。什么原因呢?其实关键在于心境的豁达。人成天被名利缠得死死的,得与失算来算去,要小聪明、使小心眼,小肚鸡肠,哪还有什么快乐可言?人一辈子免不了风风雨雨、沟沟坎坎，受一点委屈、遇一点挫折就怨声载道、心灰意冷；有一点矛盾、一点冲突就恩恩怨怨，甚至伺机报复，心里哪还有阳光？这样的人，注定不会有幸福和快乐。

豁达之人，宽宏大度，胸无芥蒂，吐纳百川。南非前总统曼德拉在被关押了27年之后出狱。在宣誓就任总统的典礼上，他邀请了曾看守过他的三名狱警。这三名狱警在狱中并没有友好地对待过他，相反还虐待过他，但曼德拉不计前嫌，豁达大度，因此，他赢得了整个南非人民的支持。人生在世，不如意事十有八九。心境豁达，才能做到宠辱不惊，看庭前花开花落；去留无意，望天外云卷云舒。才能得之淡然，失之泰然。这样的人，心大、心宽、有豪气，知道积极开拓人生，也懂得达观、放弃。

三是学会放弃。"舍得"就是有"舍"才有"得"。人的一生不可能样样都得到，鱼和熊掌不可兼得。如果样样都不想放弃，反而会事与愿违，一样都得不到。

老天是不是最公平

欧洲某国的一位著名的女高音歌唱家，仅仅30岁就已经誉满全球，而且她拥有一位如意郎君和一个美满幸福的家庭。一次她举行完一个成功的音乐会后，歌唱家和丈夫、儿子被一群狂热的观众团团围住。人们七嘴八舌地与歌唱家攀谈起来，赞美与羡慕之词洋溢了整个会场。在人们议论的时候，歌唱家只是静静地听，什么也没有表示。当大家把话说完后，她才缓缓地说："首先我要谢谢大家对我和我家人的赞美，我希望在这些方面能够和你们共享快乐。但是，你们只看到了一个方面，还有另一方面你们没有看到，那就是你们夸奖的活泼可爱脸上总带着微笑的小男孩不幸是一个不会说话的哑巴，而且他还有一个经常要被关在屋里精神分裂的姐姐。"

大家看看我们周围的人，十全十美的有几个人？在一方面出人头地，在另一方面肯定有很大的不如意。得到的越多，失去的也越多，此话不假。我们常人不应该羡慕别人的富有和权力，这是他们公开的一面，背后太多的辛酸是外人永远不得而知的。人这一生，入学、找工作、交友、婚恋，都会面临"舍得"，"得"一个就意味着"舍"另外一个。选择了当兵，就不可能同时当老板。面对丰富多彩的社会，只有学会"舍得"，才能更好地拥有。

最后，与大家分享有关情绪的格言：

良好的情绪，对健康的积极作用是任何药物都不能替代的；不良的情绪，对健康的损害不亚于病原微生物。

快乐与忧虑结伴，才组成了生活。即使是幸福、快乐一生的人，也会痛苦、忧虑一时；世间无忧无虑、一帆风顺的人是没有的。

成就最大者与最小者之间最明显的差异不在于智力水平，而在于是否具有自信心，是否具有持之以恒、不屈不挠的坚定意志和性格品质。

人生之旅并非坦途。在每一个人流熙攘的十字路口，也许你会碰到红灯，或者绿灯，或者黄灯。意志坚定的人决不放弃任何一次机会，因为他懂得什么时候把果断、勇敢留给绿灯，把审时度势留给黄灯，把耐心留给红灯。

点滴养成
——谈青年官兵的性格塑造

在我们身边,常常可以看到这样的一些现象,有的同志工作勤奋、作风扎实,但不苟言笑,很少与别人交流思想;有的好学上进,军事技术过硬,但思想固执,好钻牛角尖;有的事业心强,有一定的工作能力,但不能正确对待领导的批评;等等。这些都是性格不健全的表现。有人说:"性格决定命运"。这说明不良的性格会对我们的生活、工作和学习带来消极的影响,从而改变我们的人生之路。这里我给大家讲两个真实的故事。

某部战士小李,利用国庆节长假机会,与地方几个玩得比较好的所谓"哥们"去歌厅消遣娱乐,因一个"哥们"与地方青年发生纠纷,小李见状不问青红皂白,上去就对对方拳脚相加,将其打成重伤,后因抢救无效死亡。案发后,小李受到法律的制裁,被判了十四年有期徒刑。分析小李走上犯罪道路的原因,除了他本人追求不健康的生活情趣、与地方青年乱交往、"哥们"义气重之外,性格上粗暴、偏执、自控能力差也是他走上违法犯罪道路的重要诱因。不健全的性格,导致了可悲的人生。

与小李相反,地处青藏高原某部战士小朱和小王就表现了良好的自我控制能力,代表了军人健全性格的典型特征——坚强、执着、果断、自制、自尊、勇敢,以及忠诚。他们连队在高原拉练途中,炊事车因轮轴破碎无法前进。上级命令他们连队在限定时间内赶到集结地,连队决定留下小朱和小王守车待援。地处海拔4000米的高度,夜间气温下降到零下10度,他们裹紧大衣,依偎在炊事车下,在无宿营装备的冰天雪地里苦熬。3天后的深夜,留下的干粮已吃光,他俩衣难御寒,胃无食进。由于连日大雪,无食可觅的高原狼群乘夜色向他俩的守车点扑过来,他们赶紧向火堆中加树枝。也许是狼怕火的原因,几十只饿狼嚎叫着在30米外乱跑乱窜,等待时机攻击。人和狼对峙到天明,狼群是慢慢退去了,可饥饿又向他俩袭来。茫茫雪原,除了他俩之外杳无人迹,是弃车找部队求生,还是继续守车?他们选择了后者,在风雪高原上坚持了5天5夜。当救援人员赶到时,他俩已互相依偎着昏迷了过去。他们为什么能做到这一点呢?因为他们有着坚定的理想信念,有着良好的性格修养。健全的人格,成就了亮丽的人生。

上面一反一正的事例告诉我们一个道理,良好的性格对人一生都有重要的影响。

一、良好性格的重要意义

"性格"一词源于希腊语,有"标记""特征"之意。现在心理学所讲的性格是指,在生活过程中形成对现实稳定的态度以及与之相适应习惯化的行为方式。如,你对待某些问题的常见态度,或者你在处理事情过程中的常用方式、方法,就是性格的外在表现。我们每个人的性格形成都经历了日积月累的过程,没有哪一个人的性格是与生俱来的。

健全的性格是一个人成熟的标志,成熟也就是在理智、情感、道德及事业等多方面上"高人一等"。性格是成熟的核心内容,这是因为只有性格才能真正地反映出一个人的态度和行为,并且在一定程度上代表着一个人的全貌和本质。健全的性格也是一个人成功的必要保证。美国的心理学家马斯洛对著名历史人物进行研究表明,这些人都有良好的性格,比如,高度的独立性、善于接受新事物、天真坦率、乐观幽默、高度的创造性等。正是这些良好的性格因素造就了这些成功的历史人物,同样,调查中也发现,军人群体中学习、工作取得较大成功的人大多具有独立性、自信心、勤奋、有恒心、乐于助人等良好性格。健全的性格会使青年官兵形成良好的态度和科学的行为,从而更有效、更积极地投入训练、学习、生活中去,取得较大的成功。

当前,全民的精神素质虽有了较大的提高,但仍存在着压抑、自卑、猜疑、谨小慎微、依赖、专横等不良性格倾向,这些都是改造全民族精神风貌,提高全民素质的巨大心理障碍。青年官兵是民族精神素质的先锋，理所当然应该积极、主动地完善自身性格，祛除那些国民中残存的不良性格因素，做树立现代化民族精神的先行者，而部队军人精神面貌的更新必然会带动全民族精神面貌的全面更新。

二、军人应有的良好性格特征

性格从最初的萌芽到最终成熟定型，是一个漫长曲折的过程。心理学家认为，性格的演变经历了童年的雏形阶段、青少年的成型阶段、成年的自我调节修养阶段，并逐步走向成熟。但有时，性格的发展阶段会提早或延迟，如，有的青年战士虽然生理上已经成熟，但由于自我评价过高，简单的事不屑一顾，复杂的事又无从下手，好高骛远，结果一事无成。这就是青年军人性格发展迟缓的表现。因此，加强对自己性格的修养，有助于加快性格的成熟，避免形成不良性格。作为青年军人要注重从以下几方面培养自己的良好性格：

（一）道德品质

道德品质是指个体依据一定的道德规范，在行动时表现出来的稳定的特征。作为青年军人，诚实、善良、富有爱心、有责任感是最起码的原则，也是一个青年军人人格健全不可缺少的性格特征。而这种道德品质的形成，绝对不是空洞说教的结果。这些都不是挂在嘴上、写在脸上的装饰，而是脚踏实地的行动，从自己身边的每一件小事做起。当爱心与经济利益发生冲突，当善良遭人误解，是否我心依旧？所以，只有当社会军人的道德准则经过矛盾冲突，最终内化为个人性格的一部分时，才会指导人的日常行为。在真相无人知晓的情况下，一个人的所作所为才反映出他的品格。而道德的内化过程是由表及里、由浅入深的漫长过程，故道德品质在性格结构中属于较高层次。青年军人要养成良好的性格，就必须注重自己的道德修养。

（二）自尊

自尊是人格健全者的标志之一。自尊心是性格中一种高尚的品质，有自尊心的人关心自我形象，积极向上，有追求目标。

如，战士在学习过程中为了证明自己的能力，为了赢得与自己能力相应的地位（自尊的满足）而发奋努力，或者害怕因考核成绩不好面临丧失自尊的威胁而刻苦学习、训练，不管是力求成功还是避免失败，都是来源于自尊需要而产生的成就动机。所以自尊促使人积极向上，但自尊过了头往往是自卑的表现。自卑的人通常有两种表现，或是自轻自贱，妄自菲薄；或是狂妄自大，容不得别人的半点意见。实际上这是缺乏自信的表现。

（三）自信心

建立在客观基础上的自信心，是成功人士性格中必不可少的特征之一。很难想象一个没有自信心的人会有所作为。自信是在肯定已存在价值的基础上，了解自己的长处和短处，在工作学习中扬长避短，并相信自己的能力和努力。自信是对自己、对他人的悦纳，是一种意念，一种意志。自信并不意味着没有失败，没有风险，而是具有面对失败的勇气、战胜失败的信念和把握成功机会的能力。性格中有了自信，生活里就会充满快乐。

（四）责任感

认真负责的责任感是工作和学习中必不可少的优良品格。一个人对自己、对别人负责，表示他对自己有信心。他会在说话做事前经过思考，而不是随心所欲，信口开河。面对困难，一个有责任心的人不会推诿逃避，不会寻找借口以求得心理暂时的安慰，而是敢于承担责任，并努力去获得成功。与一个有责任心的人交往，会有一种信任感和安全感。所以这种人往往是受人欢迎的。领导会放心地把工作交给一个认真负责的下属，朋友、同事会乐于和一个有责任心的人合作共事，妻子会把心托付给有责任感的丈夫，女儿会因为有一个负责的母亲而在成长过程中受益无穷。认真负责并不是轰轰烈烈，而是从完成一次作业、兑现答应朋友的一件事、为自己的一次小小的过失承担责任开始。

（五）自我控制

自我控制是一个人良好性格的重要指标之一。一个人如果不善于自控，则意味着他不能有效地发动、支配自己或抑制自己的激情、控制自己的冲动，对未来的成长过程有害无益。很多人由于不能控制自己的激情和冲动行为,从而或失去理智,或犯罪堕落甚至危及生命。自我控制主要靠后天自身的修养。首先,明确自己的人生目标,对该做的和不该做的有清晰的认识,使自己的行为服务于目标。其次,要养成"说一不二"的习惯。当然这并不是指固执、刻板,而是指自控能力的培养需要有坚定的意志。如,按条令条例来规范自己的行为。要经常克服懒惰、消极、逃避、贪婪等缺点,凡事从长远考虑,不要为眼前的一时一事而放弃未来。自我控制表现为坚忍不拔,这是事业成功的必要条件,历史上许多成功者都是靠着坚强的意志才取得了最后的辉煌。

(六) 挫折反弹力

人生在世,有顺境,也有逆境;有高峰,也有低谷;有过五关斩六将的得意,也有败走麦城的失意。顺境、高峰时气冲斗牛、踌躇满志,那不算真本事,常人皆可为之;而倒霉时还能笑出声来,无论摔得再惨,还能从头再来,那才是硬汉子、真英雄。这就是《菜根谭》极力推崇的境界:"得意处论地谈天,俱是水底捞月;拂意时吞冰啮雪,才为火内栽莲。"

孙中山为推翻清朝统治,先后举行过10多次起义,屡败屡战,终于拨云见日,推翻帝制,建立共和。航天英雄翟志刚,发射"神五"时,他落选了;发射"神六"时,他又落选了,他是14名航天员中唯一3次入选飞天梯队的。经过10年不懈努力,2008年,42岁的翟志刚终于"一飞冲天",实现了自己的梦想。古今中外,这样的例子不胜枚举。他们的实践证明了一句哲言:衡量一个人的成功标志,不是看他登到顶峰的高度,而是看他跌到低谷时的反弹力。

反弹力,需要有百折不挠的韧劲。蒲松龄的名联:"有志者事竟成,破釜沉舟百二秦关终属楚;苦心人天不负,卧薪尝胆三千越甲可吞吴。"就是韧劲的最好写照。韧劲,要有王昌龄"不破楼兰终不还"的远大抱负,有郑板桥"咬定青山不放松"的顽强气概,有范文澜"板凳要坐十年冷"的坚持精神,水滴石穿,矢志不渝,就一定会收获希望与胜利,踏平坎坷,走出低谷，迎来"柳暗花明又一村"。

（七）勇敢与奉献

勇敢是军人必备的一种性格特征，从某种意义上来说，勇敢是军人的代名词。作为军人一旦有了勇敢的这种性格特征，就什么困难都能克服，任何敌人都能战胜。培养青年军人的勇敢性格，要求青年军人有坚定的共产主义信仰，有一不怕苦，二不怕死的精神。同时还要在实践中多加磨练，无论是在平时的训练、演练中，还是在参战、抗洪救灾中，都要对事情作科学分析，辨明是非，做出决断。一旦做出正确的决断，就要坚决执行，哪怕是生命安全受到威胁，也要镇定自若，向着预定目标勇往直前，机智勇敢地完成上级交给的任务。勇敢的行为必定建立在无私奉献的基础之上。人生的价值在于奉献，是我们军人的价值观。青年军人更要懂得只有奉献自己，为他人谋幸福，为国家带来利益，我们的人生才有意义。所以，奉献也是青年军人性格的一个重要部分。奉献还可以使你身心健康，因为在付出的同时你的人格得到了升华，心灵得到净化。

三、积极塑造良好的性格

俗话说："江山易改，秉性难移"，说的是一个人的性格具有一定的稳定性。但是性格既然是在社会实践活动中逐渐形成的，就一定会在社会实践活动中改变。

古时候，有一个晋朝人叫王述，原先气量很小，心胸狭窄。为了锻炼自己的气度，每当遇到不顺心的事，他就有意识地克制自己。一次有一个叫谢奕的人找上门来恶言恶语，骂个不停。王述正色面壁站着，一动不动，直到谢奕走了多时，他才转过身来坐下。经过不断磨练，王述终于成为一个胸襟豁达的人。

这一例子说明，有意识主动塑造军人良好性格是可以做到的。作为青年军人该怎样去培养自己的性格呢？我们认为应从以下几方面去做。

（一）加强军人道德品质的修养

诗人车尔尼雪夫斯基说过："要使人成为真正有教养的人，

必须具备三个品质：渊博的知识、思维的习惯和高尚的情操。知识不多，就是愚昧；不习惯思维就是粗鲁和蠢笨；没有高尚的情操，就是卑俗。"那么在当前形势下，我们应该如何加强道德品质修养，做一名有高尚道德品质的革命军人呢？

一是要加强学习，提高自己的认识水平。"理性是文明的影子"，知识是人类进步的阶梯，加强道德品质修养，首先必须加强学习。第一是要认真学习理论。以此来充实头脑，奠定立身做人的根基，提高自己的认识水平；第二是要学习革命先烈和英雄人物的崇高思想品质。革命先烈和英模人物的品德是鼓舞人们奋发向上、自强不息的巨大精神力量。只有不断地学习他们的高尚思想和先进事迹，并以此比照自己，道德水平才能得到不断的提高。最后是要学习现代科学知识，特别是我们所缺乏的心理学知识。

二是要抵制和克服低级趣味，树立正确的审美意识。美对于我们性格的修养有着重要作用。它能使我们陶冶情操，优化心境，稳定情绪。因此，要学会审美。对于我们军人来说，行为的美丑，必须以符合军人道德规范为标准。在战场，不怕牺牲、英勇杀敌是美，贪生怕死、临阵逃脱是丑；在平时，服从命令、遵守纪律是美，顶撞领导、作风稀拉是丑；精神振奋、不计得失是美，意志消沉、斤斤计较是丑；举止端正、军容严整是美，敞胸露怀、流里流气是丑，等等。树立正确的审美意识，提高对生活情趣的分析鉴别能力，自觉抵制低级趣味是培养与我军道德相一致的健康生活情趣的重要途径。

三是要建立正常的人际关系。与人为善，宽以待人，是为人的一种美德。在处世交往中，有了这种美德，就会补人之过，容人之短，从而产生很大的吸引力和感召力。当别人进步的时候，要为别人高兴，同时找准自己和他的差距，如果把别人的提升和奖励视为对自己的打击，忿忿不平，怀疑别人用了什么手段，甚至把别人的存在视为自己的障碍，一直沉迷其中不能自拔，这就是典型的偏执心理在作怪；当别人冒犯了自己的时候，要豁达大度，不能耿耿于怀，更不能针锋相对，以牙还牙。特别是在自己受到误解、遭到嫉妒、遇到中伤时，要相信组织自有客观的评价，相信群众公论，相信时间会把一切弄清楚，从而处之泰然，这样更能显示出你性格上的完美。

（二）按条令的规定，优化军人气质

条令是对军人行为的规范，其本身是非常科学的，只有按条令行事，才能使军人行为果断，使军人的气质更佳。

一是加强条令的学习，不断强化纪律意识。高度的组织纪律性是军人性格的灵魂。军队讲究令行禁止，无条件地执行，战士通过军队这种严格的纪律环境的锻炼，天长日久，从不自觉到自觉，由不适应到适应，逐渐在意志上树立起一种执行纪律的坚定性、自觉性。这就要求我们学好条令，明确军人的行为标准和要求，为人做事时，头脑中有章可循，行为有明确的规范。

二是严格执行条令条例，强化职责观念。职责是每一个人应尽的义务，通过严格执行条令条例，培养持久而良好的职责意识是军人应具备的起码的性格特征。没有持久的职责观念，就会在逆境中倒下去，在各种各样的诱惑面前把握不住自己，而一旦一名军人真正有了牢固而持久的职责观念，最软弱的人也会变得坚强，在逆境中会勇气倍增，在引诱面前能不为所动，从而锻造出性格上坚强意志的特征。

三是严格落实条令条例，培养处事果断的性格。军队的行动总是雷厉风行，说干就干，要求所有军人都要具有果断的性格，行动紧张、迅速、干脆、利落。这种性格不仅在平时执行任务中有重要作用，在作战中尤为重要。严格落实条令条例的规定，用条令条例规范自己的言行，做到一切行动听指挥，令行禁止，培养处事的性格特征。

（三）培养健康向上的爱好和兴趣

一个没有良好的性格情趣的人总感到自己心理压力很大。有的同志在生活和工作中遇到挫折和困难后，往往把注意力集中到自己所遭遇的所谓"不幸"上，而忘记了生活中那些令人愉快的事物，这样，就难以使自己走出心理压力的阴影。对此，我们在生活和工作中不管遇到什么困难、挫折，产生多么大的心理压力，也要强迫自己去做一些有意义、让自己愉快的事情。要积极地参加部队的各项活动，在日常生活中培养健康的爱好和兴趣。

一是要积极参加部队组织的政治教育活动。经常接受思想教育，使我们树立远大理想，坚定信念，明白立身做人的基本道理，从而为培养健康爱好和兴趣，明确目标提供动力，激发热情。还能提高我们的认识水平和明辨是非的能力。二是要积极参加部队组织的科技知识学习。现在部队的"双休日"为我们的学习成长创造了良好的条件。聪明的人会抓紧点滴时间学科学、学文化、学军事，学习各种专业技术知识和市场经济知识，努力提高自己的军政素质和科学文化素质。三是要积极参加部队组织的各项文化娱乐活动。一个经常积极参加部队组织的各项文化娱乐活动的战士，肯定是一个有着良好的性格情趣的人。心理学上有一种克服不良性格的方法叫"分散注意法"，就是要求我们在心理压力比较大的时候，尽量多参加活动，使自己的注意力从一个点分散到其他的点上去，那么心理压力的阴影就不会长久地笼罩着你。参加这些文娱活动，或许一时没有多大的兴趣，但只要坚持参加，就会发现这些活动确实有着特殊的魅力，健康的爱好与兴趣也就自然而然地培养起来了。四是要积极参加部队组织的各项生产活动。参加部队的各项生产活动，能使我们在艰苦的环境中，体会到军营蕴含着乐观向上的生活情趣，培养我们热爱劳动、种植养殖的特殊爱好与兴趣。

（四）在艰苦的部队生活中，不断磨练自我

一位哲人说过：唯有经受了苦难这所大学，人们才能获得实际有用的人生智慧。现实生活中，也有这样一些情况：有的同志在学习中遇到了难题，久久思考不得其解，便想丢下书本不学了；拉练中脚上打了几个泡，每走一步都钻心地痛，就不想再走了；演练新装备，始终不得要领，就找借口不练了。这些都反映出我们部分同志存在着性格上的缺陷。一个人若想事业有成，则他必须得经受日常工作、形形色色的诱惑以及各种艰难困苦的考验。在这些考验中锻造良好的性格。

常言说："吃苦是一笔财富"。作为一名革命军人，要以牺牲、奉献为天职，来到军营就是要吃苦的。能吃苦，就能迅速适应部队的艰苦生活，也才能有所作为，否则，不仅会给个人成长进步带来不良影响，甚至还会受到军纪的处罚。因此，必须下工夫克服我们怕苦怕累的性格缺陷。

一是坚定到部队吃苦的信念。一般说来，来部队当兵大多是自己的心愿和选择。你自己选择到部队，可能有各种动机，但不管怎样，你肯定不会把部队当做享受的地方。既然你心理有所准备，就不应该改变自己的初衷，更不应该逃避。"能吃苦也是一笔财富"，这并不是一句口号，而是人们实践的感悟。有报道说，日本有的父母就曾花很多钱，让孩子到中国来攀登喜马拉雅山，并把这称做"花钱买苦吃"。因为他们深信，吃苦是磨练一个人性格的最好方式。我们入伍之前，很多同志的想法就是到部队来锻炼锻炼，很多家长的想法就是把小孩送到部队来吃吃苦。部队艰苦紧张的生活是对我们革命意志的考验，经受住了这个考验，那么在未来人生旅途中，我们还会怕什么艰难困苦？

二是努力提高精神境界。以苦为乐，苦中作乐，是一种高尚的精神境界，它有助于我们消除不成熟的防卫心理。其实，苦与乐是一对孪生兄弟，一个人不知道什么是苦，就不懂得真正的乐，同时，一个人只有经历了苦，才会更加深刻地理解乐的含义，才能在行动上真正做到以苦为乐，苦中作乐。有这么三个总认为自己不快乐的年轻人到著名哲学家苏格拉底那里寻求快乐的办法。哲学家说："这不难，你们几个先给我造一条过河的船，到河的那边就可以寻找到快乐。"三个年轻人一听，马上动手干起来。三个月后，船造好了，苏格拉底问他们："你们现在感到快乐吗？"三个年轻人看着自己的劳动果实，虽然累得筋疲力尽，仍然异口同声地说："我们很快乐。"可见吃苦不仅可以促使自己感情的升华，而且能够转化为一种巨大的动力，鼓舞自己去迎接生活中的各种困难和挑战。

三是积极适应环境。部队的生活既紧张又艰苦，这是每个士兵都要面对的现实。积极的适应方法有：创造性适应，即通过自己的主观努力、刻苦学习、发愤图强,突破环境与条件的限制,在部队这一特殊的环境中创造出不平凡的业绩。"自古英雄多磨难",不经过"磨难",你又怎能成为一个真正的英雄呢!

友善和谐
——谈青年官兵的人际交往

所谓人际关系,就是社会人群中因交往而构成的相互社会关系。它包括亲属关系、同事关系、战友关系、朋友关系、领导与被领导关系等。人际关系是人的基本社会需求,好的人际关系既有助于自我认识、心理健康和社会实践的成功,也是所在群体保持和谐向上氛围不可缺少的前提条件。

"人际关系"属中性词,之所以在一些人心目中名声不好,一是个别同志受当年"斗争哲学"的影响,人与人之间要么是同志关系,要么是敌我斗争关系,否认处理好与各个方面人际关系的必要性;二是有的人将人际关系庸俗化,注重人际关系似乎就是吃吃喝喝、拉拉扯扯、跑跑送送,其行为玷污了人际关系的名声。

美国著名教育家卡耐基通过多年的观察和研究,发现人际关系是成功最重要的因素。他有这样一段话:"我们生活在一个人际关系重于其他的世界里,人与人相处的好坏是决定人成败的重要因素,人际交往能够带来其他知识所不能带来的力量,它是成就一个人的顺风船。"他还提出一个数字比例:一个人事业的成功,只有15%是靠自己的专业技术,另外的85%要靠人际关系、处世技巧。

如果延伸卡耐基的话,那就是一个人越是有成就,事业做得越大,就越需要有更强的处理人际关系的能力,也就是说两者是一种呈正比例的关系。比如刚入伍的时候,你的人际范围不超过一个班、排,两年后你被提拔为班长,你的人际范围会扩大到整个连、一个营。日后假如你进步更大,你的人际交往将更广泛和复杂,如果交际能力不提高,怎么能胜任工作呢?

一、军营人际交往的特点

军队是个特殊的团体,而在人际关系上也表现出特殊性。下面谈谈我军人际交往的特点。

（一）围绕中心——以团队活动为轴

军队是一个高度集中、组织严密的集体。它具有明确的集体目标、严密的组织体系、严格的纪律、和谐的集体人际关系。只要加入了这个集体，从起床、早操、操课、训练到熄灯就寝，无时无刻不处在集体之中。因此，以集体活动为中心，成为军人人际交往最重要的特点。

人与人之间地理位置越接近，越容易自然发生人际交往；人们相互交往的次数越多、频率越高，越容易形成共同的经验、共同的话题、共同的感受，从而越容易建立密切的人际关系。军人这种以集体活动为中心的人际交往，距离之近、频率之高，是军队之外的其他任何人群都不能比拟的。这种时空上非常接近的因素，成为官兵之间形成亲密无间战友关系的基础。

（二）地缘情感——纽带式交往

以地缘情感为纽带的非正式交往，也就是同乡交往，是基层部队非常普遍的现象。俗话说，水是故乡甜，人是故乡亲；老乡见老乡，两眼泪汪汪。由于同乡之间有共同的地方语言，有比较一致的风俗习惯，有相同的乡情，因而在感情上容易沟通交流，从而建立起同乡型非正式群体。

同乡型非正式群体既可能对部队建设产生积极的作用，也可能对部队建设产生消极的影响。因为同乡型非正式群体内的成员是自愿、自由结合在一起的，属于非权力结构，同乡战友间情感相悦，交往频繁，互相谅解，友好合作，无话不说，并且一般都认为同乡战友的话更可信，尤其是同乡型非正式群体中的核心人物在群体中的威信可能很高。如果使同乡战友之间在思想、工作和生活上互相帮助、互相鼓励、互相竞赛，则会促进连队的稳定和建设。有些思想工作让同乡战友去做，可能比连队领导去做效果还好。但是，同乡之间也容易产生狭隘的老乡观念，拉帮结派，形成一个与他人、与连队领导作对的小圈子，破坏组织原则，破坏部队的团结和稳定。因此，正常的同乡交往无可非议，狭隘的同乡关系不应提倡。

(三) 行动听指挥——服从性交往

军人以服从命令为天职。在部队内部，下级必须服从上级，这是军队的纪律，也是军队夺取胜利、完成各项任务的保证。有严密的组织系统和铁的纪律，是官兵人际关系区别于其他群体人际关系的一个显著特征。官兵之间的交往和共同活动都建立在这一基础之上。官兵之间大量的交往活动是上下级之间的交往，这种交往既体现民主和平等，也体现集中和服从。因而官兵的人际交往，无不打上服从的烙印。从这一意义上说，没有服从，就不能产生正确和积极的官兵间人际关系。

军人的人际交往的服从性与平等性并不是相互对立的。服从性主要体现在工作关系上，是正式组织意义上的等级关系，是非情感性的；平等性是相对人格和态度而言的，包括政治上的平等和情感上的相容。

二、军营人际关系的羁绊

(一) 认知因素——如何看待自己与别人

这里指军人对自己、他人和交往本身的认知。交往的过程是双方彼此满足的过程，这三方面若有任一方面出现问题，产生偏差，就会影响交往行为，甚至成为交往障碍。如果认为人际关系就是相互利用，认为人心难测，就会产生过重的戒备心理；如果认为交往只为满足自己的需要，就会忽视他人的需要，引起交往中断；如果过高评价自己，就会导致交往中的盛气凌人或不屑交往；如果过低评价自己，就会引起自卑，导致交往畏惧心理；对自己的评价与战友对自己的客观评价过于悬殊，就会使自己与周围战友之间的关系失去平衡，产生矛盾，不利于与他人的正常交往。

(二) 情感情绪因素——心境外延作用

对人的好恶往往决定着交往者彼此间的行为，在军人人际交往中，情感贯穿于人际交往的始终。一个军人良好的精神状态表现为自信乐观、积极向上、情绪昂扬，在这种状态下会对他人表现出善意和友好，对生活充满希望。如果一个人整日抑郁忧伤，心情低沉、哀伤，总觉得什么事都提不起精神，整日郁郁寡欢，在这种情况的影响下很难与他人愉快地交往，很难在交往中给别人带来欢乐，同时会严重影响自我的身心健康。

（三）人格因素——个人特质影响力

在交往中，如果一个军人具有健全的人格品质，豁达大度的心胸，开朗、正直、沉稳等良好的性格，可以改变和弥补人气质的某些消极因素，对身心健康发展具有积极的意义。相反，不良的性格和心理品质不仅严重影响人际关系，妨碍个人的顺利成长与进步，而且有害于身心健康，易导致心理问题和心理疾病。如报复心强者使人常担心报复，心理紧张；嫉妒心强者易使人感到不舒服，不安全；猜疑心强者常令人在交往中感到冤枉委屈，难以从内心接近；过分自卑者常让人感到负担、沉闷；骄傲自满者使人感到威胁或难以信任等。

（四）相似或互补因素——亲近感与现实需要

相似有着重要的意义，在军营生活中，共同的态度、价值观、兴趣、文化背景；共同的教育水平、年龄、职业、社会阶层，乃至共同的遭遇、共同的疾病等都能在一定条件下，使人产生感情上的共鸣，不同程度地增加人们的相互吸引。"惺惺相惜"就是这个道理。与其相似相联系的是互补。在个人兴趣、专业、特殊才能等方面，多数军人都有期望他人弥补自身缺陷的心理倾向。军营中，外向型的人与内倾性格的人一般会友好相处，相互欣赏；家庭经济条件优越的军人会欣赏那些逆境中成长的军人；依赖性强的人更愿意与独立性强的人交朋友等等。从表面上看，相似与互补是矛盾的，但实际上，二者又是协同的。建立在态度与价值观上一致性的相似与互补有着重要意义；在互补涉及人际吸引中关键因素和社会角色相互对应时，互补比相似更重要。若能认清自己所期望的是相似性强还是互补性强的人际关系，便可以朝那个方向寻求朋友。

三、培养人际关系技能

(一) 学会赞美别人

为什么我们都喜欢说好话的人？说好话真的能改变我们生活吗？怎么样说好话更有效果，而不让人觉得你是在敷衍，拍马屁？

有一天，男孩突然对相识不久的女孩表白了："你真漂亮，我喜欢你。"面对男孩子的突然表白，女孩十分局促——"他是不是对任何人都能说出这样的话呢？才认识多久啊，就说这样的话，是不是太轻浮了点？"再后来，男孩再一次对女孩进行赞美并且表白时，女孩答应了做男孩的女朋友。

为什么女孩对男孩之前的负面印象消失了呢？因为语言有"沉睡效应"。心理学家们发现无论什么信息，它的可信度都会随着时间的推移而改变，这就是心理学上的语言"沉睡效应"，指一个人在接受某一条信息之后，随时间的推移，记忆里面只留下信息的内容，围绕信息的其他信息就会逐渐淡薄。

随着时间的推移，女孩面对男孩的第一次赞美时，"谁说的""怎么说的""在哪里说的"等等因素都会被遗忘，而留在女孩记忆里的"我喜欢你""你太美了"等等这些核心词语却很清晰。这些记忆会给女孩带来单纯的喜悦和愉快。当男孩再次对女孩进行赞美时，她就会想起"他以前也是这么说的"，赞美之人不会被人轻易忘记。此时此刻，她想到的不是"这个人说的话还是不可靠"，而是"上次夸得我美滋滋的人就是他啊！"这样一来，男孩给女孩的好印象就像滚雪球一样越滚越大。

为什么会这样？人脑会对信息进行过滤，人往往都能记住那些自己爱听的话，潜意识会按自己的逻辑把信息合理化，这也会导致信息的失真。

人在受到情绪影响，尤其是受强烈情绪影响的时候，会对某些事物特别注意。正因为如此，人们所注意的范围就会变得狭窄。从而，人们可能会对感兴趣的一些细节记得非常清楚，而另一些同样比较重要的细节就会完全忽略。

心理专家认为,利用语言心理学的"沉睡效应",就是夸了又夸,反复赞美,人们可能会因此而喜欢你,而你自己也会因此而受益无穷。不要因为担心对方误会,就把赞美之词压抑在心底。

那么,如何赞美别人更有效果?

第一,夸奖要出自真心,不能为了夸奖而夸奖。虽然人都喜欢听赞美的话,但并非任何赞美都能使对方高兴。能引起对方好感的只能是那些基于事实、发自内心的赞美。相反,你若无根无据、虚情假意地赞美别人,他不仅会感到莫名其妙,更会觉得你油嘴滑舌、诡诈虚伪。例如,当你见到一位其貌不扬的小姐,却偏要对她说:"你真是美极了。"对方立刻就会认定你所说的是虚伪之至的违心之言。但如果你着眼于她的服饰、谈吐、举止,发现她这些方面的出众之处并真诚地赞美,她一定会高兴地接受。

第二,要赞扬行为本身,而不是赞扬人。赞扬行为本身,可以避免尴尬混淆、偏袒,并鼓励更多的同类行为。

第三,赞扬要具体、要实在,不宜过分的夸张,要有的放矢。例如,"你太漂亮了"不如说"这件衣服穿在你身上真漂亮",说"你真有头脑"不如说"你怎么就能想出这样的好办法呢","王工,你的工作很出色"要胜过"你是个好职员"。

第四,赞扬要及时,而不要事隔太久。适当地赞扬别人,往往会取得最好效果。尤其是当众及时赞扬别人,效果更好。但当众赞扬别人,一定要得体,而不要让被赞扬者感到尴尬。如果是在开会时赞扬别人,要更积极地放开一点,应收到开会赞扬的特殊效果。当别人计划做一件有意义的事时,开头的赞扬能激励他下决心做出成绩,中间的赞扬有益于对方再接再厉,结尾的赞扬则可以肯定成绩,指出进一步的努力方向,从而达到"赞扬一个,激励一批"的效果。

(二)掌握沟通小技巧

积极倾听是增进人际关系的有效手段,向对方传递的信息是:我很想听你说话,我尊重你、理解你、欣赏你、向你学习、我乐于帮助你。

倾听对方的语言、音调；观察肢体语言。

（1）保持目光接触。与别人交流时保持目光接触，别人总是通过观察你的眼睛来判断你是否在倾听。

（2）展现赞许性的点头和恰当的面部表情。有效的倾听者会对所听到的信息感兴趣，那么，通过你的动作和表情把你的兴趣表现出来吧。

（3）避免分心的举动或手势。在倾听时，应该尽量避免看表、心不在焉地翻阅档案、乱写乱画等动作，这样会使说者认为你对他讲的话题不感兴趣，也会使你的精力不集中。

（4）提问。在倾听时进行提问，可以使自己更准确地理解内容，还会增强交流者双方的互动。

（5）复述。用自己的话重复所听的内容，既可以使自己的注意力集中于交流内容上，也可以检验自己对所听内容理解的准确性。

（6）避免打断说话者。在别人说话时尽量耐心听，等别人说完了自己再说。

（7）不要多说。大多数人都乐于滔滔不绝地表白自己，而忽略了别人，有效的倾听者应该能够克制自己，多听别人说，自己少说。

（8）自觉转换听者与说者的角色。虽然有效的倾听者应该全神贯注于说者所表达的内容，但有效的倾听者不应该固化自己的角色，而应该能够使说者到听者再回到说者的角色转换流畅。

（三）正确说话的玄机

1. 给对方充分的尊重

孔圣人说，三人行，必有我师焉。就像世界上没有两片完全相同的树叶一样，人对事物的观点方法也是不同的，抱着一种学习的态度去与人交流，这是产生尊重的基础。尊重能保持你在交流中的良好姿态；尊重能让对方感觉到你的真诚可敬；尊重能让人向你展示到心灵最深层。让别人尊重自己，自己首先要尊重别人。

2. 观点对错不判断

我们在说话时最容易犯的错误就是自己在心里判断对方的观点，其实每个人的观点，只是对事物的不同的看法，很难做出谁对谁错的判断，之所以要判断，是因为在我们自己的头脑中，有一套自己的处理事情、甄别是非的价值观，它不能代表别人，更不能代表真理。如果边听边判断，就会对说话者在心里定格，也就难免会在谈话中带有情绪、言词上的不良表现。

3. 尽量不使用否定性的词语

心理学家调查发现，在交流中不使用否定性的词语，会比使用否定性的词语效果更好。因为使用否定词语会让人产生一种命令或批评的感觉，虽然明确地说明了你的观点，但更不易于接受。如，"我不同意你今天去北京"这句话，我们换一种说法："我希望你重新考虑一下你今天去北京的想法"。交流中，很多的问题都是可以使用肯定的词语来表达的。

4. 换一个角度表达更易接受

汉语是世界上最复杂的语言之一，这种复杂性也说明了它的丰富多彩，同样的一种观点就会有多种表达的方法。如，我们要说的意思是一位女士很胖。一种说的方式："你真的很胖，需要减肥"；另一种说的方式："从前您一定是个很苗条的人"。如果你是那位女士，会喜欢哪种说法？当然是第二种。表达的方式还会有很多种，所以，我们在要表达自己的观点时不妨深思三秒钟，也许会构造出更精彩、让人喜欢的语言。

5. 情绪不稳少说话

人在情绪不稳或激动、愤怒时，智力是相当低的，心理学研究证明，人在高度的情绪不稳定时，智力只有6岁。在情绪不稳定时，常常表达的不是自己的本意，道理说不清，话也讲不明，更不能做决策，不要相信"急中生智"的谎言。生活、工作中，一句话导致反目成仇，甚至闹出命案的例子举不胜举。

（四）宽容大度是交友做人的基石

《论语》记载，孔子的学生子贡问孔子："老师，有没有一个可以作为终生奉行的原则呢？"孔子回答说："那大概就是

'恕'吧!"为了使子贡明白"恕"的道理,孔子补充说:"己所不欲,勿施于人。"一个人设身处地为他人着想,是人际交往中的一条道德准则。古往今来的实践证明,凡事业上建功立业、取得成就的人,绝非胸襟狭窄、小肚鸡肠的伪君子,而是那些胸襟坦荡、宽宏大量的开拓者。

据说有个砂石老板,没有文化,也没有背景,但生意却出奇的好,而且历经多年,长盛不衰。他的秘诀很简单,就是与每个合作者分利的时候,他都只拿小头,把大头让给对方。

如此一来,凡是与他合作过一次的人,都愿意与他继续合作,而且还会介绍一些朋友,再扩大到朋友的朋友,他们也都成了他的客户。人人都说他好,因为他只拿小头,但所有人的小头集中起来,就成了最大的大头,他才是真正的赢家。

(五)与人方便与己方便

有这么一个典故,乡下的表兄送来两只土鸡,因为一时半会没有功夫理会,又怕它们跑了,我就想暂时把它们拴起来。正在想拴到哪里合适,表兄说:"看我的!"只见他拿条绳子麻利地把一只鸡的左腿和另一只鸡的右腿分别系在绳子两端,说:"这样它们既能活动又跑不了。"再看那两只鸡,一个往右奔一个往左跑,挣扎得不亦乐乎,但无论耗费多少力气它们仍在原地绕圈子。其实,如果那两只鸡能够相互配合、步调一致的话,它们是可以轻易逃脱的。看来,束缚它们的并不是那根绳子,而是它们的不团结。

人们知道利用鸡的这个弱点,但自己也常常会犯类似错误。譬如一些单位的业务尖子,分开独立工作时每个人都是顶尖好手,可把他们放到一块合作却并没有做出与实力相匹配的成绩来。原因是他们彼此都不服气,或者是自视清高不屑配合别人,或者是怕便宜了合作伙伴故意不把本事全拿出来。还有,像赛场上的健将,或许每个人身手都不凡,但是组成一支队伍却未必会出什么好成绩。原因是他们缺乏团队精神,都想表现自己,不愿成就别人。

自然界里有许多与人方便与己方便的例子:在非洲大陆上有

一种甜瓜,它的味道是土豚的最爱。但是,土豚吃了甜瓜之后并不是拍屁股就走,而是把自己吃了甜瓜后排出的粪便用泥土埋起来,让粪便中那些未消化的甜瓜籽有机会发芽生长。土豚就这样"种"下了很多甜瓜,那些种子来年便有可能长成更多的甜瓜,土豚也就有了更多的食物。土豚和甜瓜互利互惠,彼此都得以繁衍生息下去。

淡水龙虾被捉放在桶里,千万别以为它们不可以爬出来,要是不盖上网罩,它们真的可以逃走的。知道它们是怎么爬出高高的光滑桶壁的吗?它们一个顶着一个组成一架"虾梯",以齐心协力去摆脱即将成为盘中餐的命运。

螃蟹在陆地上也可以活命,只是离开水的时间不能太久,因此它们就一路不停地吐泡沫来沾湿同伴。一只螃蟹吐出的泡沫是不可能把自己完全掩盖起来的,几只螃蟹一起吐,那些泡沫连起来就会形成一个大泡,螃蟹们也就营造了一个富含水分并能容纳它们每一个于其中的空间,彼此都争取到了生存的机会。

这些自然界的例子给了人类有益的启示:束缚我们的并不是外界的客观因素,而是我们自己那颗不肯与人方便的心。

超越自我
——谈青年官兵的情商培养

自从"情商"一词出现以来,人们就开始对情商与智商哪个更重要进行比较。从功能上来讲,智商反映了人的智力水平,情商则反映了人在认识自我、控制情绪、激励自己以及处理人际关系方面的能力。然而,有很多的事例表明,情商比智商更重要,更能决定人生的命运。

美国著名的心理学家米希尔曾经在一群幼儿身上做过一个有趣的实验。他给每个孩子发了一块软糖,然后对满心欢喜的孩子们说有事要离开一会儿,希望孩子们都不要吃掉那块软糖。并且,他对孩子们许下诺言:"如果谁能将这块软糖留到我办完事情回来再吃,我会再奖励给他两块软糖。"之后,他便出去了。寂寞的孩子们守着那块诱人的软糖等啊等,终于有人熬不住,吃掉了那块软糖。接着,又有人做了同样的事……20分钟后,米希尔回来了。他履行诺言,给没有吃掉软糖的孩子每人奖励两块糖。这件事情就此告一段落,而这项实验并没有到此结束,这位心理学家继续追踪研究那一群接受这项实验的孩子们。多年以后,他发现,那些不能耐心坚持等待的孩子大多碌碌无为、一事无成,而日后能够创造出一番业绩的全部都是当年那些愿意等待奖励的孩子。从这个著名的儿童情商实验,我们可以看出情商对一个人一生的发展有多么重要。

部队作为一个特殊的群体,要接受严格的训练以保证完成战斗使命,而在和平时期,也要应对各种非战争军事行动,如抢险救灾、反恐缉毒、联合演习等。官兵的素质对战斗力影响逐渐增大,情商在军事心理学领域也越来越被人重视。情商的具体内容如下。

一、自我认知能力

在希腊的帕提农神庙前人们会看到这样一句话:认识你自

己！这是哲学家苏格拉底的一句名言。它是这座神庙里唯一的碑铭，它要求人们在产生情绪的时候，能感知它的存在，并且有目的地调控它。

有这么一个故事。一代巨匠爱因斯坦曾收到以色列当局的一封信函，信中极尽赞美之词，诚挚地邀请他去担任以色列总统一职。爱因斯坦作为犹太子民，倘若能够当上犹太国家的总统，在一般人看来，简直是三生有幸、光宗耀祖的好差事。但出乎所有人意料的是，爱因斯坦婉言谢绝了这份邀请。他回信说："我整个一生都在同客观物质打交道，既缺乏天生的才智，也缺乏经验来处理行政事务以及公正地对待别人。所以，本人不适合如此高官重任。"

我们虽不必强求自己同爱因斯坦一样睿智，但我们却可以从他身上领悟到认识自己的那份清醒。

自知就是能准确地识别、评价自己和他人的情绪情感，能及时察觉自己的情绪变化，能归结情绪产生的原因。自知是理性的情绪态度，高情商的人有良好的情绪体验，能够保持对自身和他人情绪的准确察觉，能够敏锐感受到情绪的持续状态和细微变化，能够归纳分析产生特定情绪的原因。大多数人主观上认为自己对自己有着全面的了解，同时对周围他人的言行和观点有不同的看法，造成自身和他人认知的偏差。"当局者迷，旁观者清"说明认知的观察者和对象都是自己，会令人不易客观认识自我。"世上没有两片相同的树叶"说明个体存在差异性和独立性，人与人之间存在的差别远远大于相同，所以简单观察他人进而下结论并非容易之事。掺杂了自我意识对于情绪的判断会产生客观的偏离，比如有些急躁的人评价个体情绪，莽撞的权重会不自觉大于冷静；而有些慎重的人评价个体情绪，稳妥的权重又大于冲动。每个人都存在自己的认识盲点，这些盲点与性格个性是有联系的，因此需要经常自我反思，从不同的角度观察认识自己和他人。"不以物喜，不以己悲"，自知能使情绪保持在一定的合理范围内，而不是起伏跌宕，大起大落。我军官兵时刻要面临各种困难和挑战，情绪的稳定对于战斗力的维持非常重要，应经常反省自己的情绪表现,把握自己情绪波动的规律。自知能使头脑冷静,思维不容易受情绪的左右,从而在战斗任务中更好地做出正确理性的决策,圆满完成各种复杂环境条件下的使命任务。

二、自我控制能力

1965年9月7日,世界台球冠军争夺赛在纽约举行。路易斯·福克斯胸有成竹,十分得意,因为他的成绩远远领先于对手,只要顺利发挥,再得几分便可登上冠军宝座。然而,正当他准备全力以赴拿下比赛时,发生了一件令他意料不到的小事:一只苍蝇落在了主球上。路易斯没有在意,挥了挥手赶走苍蝇,然后俯下身准备击球。可当他的目光落到主球上时,这只可恶的苍蝇又飞回到了主球上,他又挥了挥手赶跑它,这时观众席上发出了笑声。正当路易斯再次俯身准备击球的时候,这只苍蝇好像故意要和他作对,又落在了主球上。路易斯和苍蝇之间的周旋惹得现场的观众笑得前仰后合。此时,路易斯的情绪显然恶劣到了极点,当那只苍蝇又落到主球上时,路易斯终于失去了冷静和理智,愤怒地用球杆去击打苍蝇,一不小心球杆碰动了主球,裁判判他击球,他因此失去了一轮机会。

这时本以为败局已定的竞争对手约翰·迪瑞见状勇气大增,信心十足,连连过关,而路易斯则在极度愤怒与失败的情绪控制下,接连失利。最终约翰赶上并超过路易斯,获得了世界冠军。

路易斯沮丧地离开赛场,第二天早上有人在河里发现了他的尸体,他投水自尽了。一只小小的苍蝇击败了一个可能成名的世界冠军,不仅令人扼腕长叹,更令人震惊深思。

自控就是适应性地调节、引导、控制、改善自己和他人的情绪,能够使自己摆脱强烈的负性感受,能积极应对心理危机,并能增进实现目标的情绪力量。自控包括自我监督、自我管理、自我疏导、自我约束和尊重现实。尊重现实包括尊重自己的现实、他人的现实和周围环境的现实。情绪的变化实际上是自我调整的方式,情绪虽然是内心感情的外在表现,但通过强化训练和主动接受可以使自内而外的感情更加科学合理。自控和自抑有着本质的区别，自我压抑是把自身情绪埋藏不露，掩盖住的负面情绪积少成多，由于没有得到有效合理的疏导，最终会更为猛烈地爆发。自控强调的是合理疏导情绪，把不同情绪摆放在不同的位置与环境，做到"天人合一"。一个高度自控者能认清和融入自己的工作环境处境，摆正和适应自己的角色，清醒地认识到，自己能做什么，不能做什么；应做什么，不应做什么；现在能做什么，将来能做什么。军人学会得心应手地收放情绪，在特定的环境下展现出应有的风貌与态度，才能在应对各种挑战时事半功倍。积极主动探索各种疏导情绪的方式，比如跑步、游泳、唱歌、写日记、与亲近之人倾诉、向部队心理专家教授咨询交流等。切忌自怨自艾，独吞苦果，把本应该放松发泄出来的一些情绪过度压抑，为日后隐患埋下导火索。

三、自我激励能力

心理学发现，一个人若是没有受到激励，仅能发挥自身10%～30%的能力。若受到正确而充分的激励，就能发挥自身能力的80%以上。最经常、最廉价、最可靠的激励来自于自我，自我激励是行为的催化剂和兴奋剂，掌握了自我激励，就能把主动权掌握在了自己的手里。

自励就是利用情绪信息，整顿情绪，增强注意力，调动自己的精力和活力，适应性地确立目标，创造性地实现目标。有研究表明，情商低的人多数对自己没有清晰的目标或是对未来十分模糊。自励和成长是相辅相成的，正如"登高望远"所阐述的意思，想要成功地站在顶峰一览众山小，必须要不断地向上攀登，而这种成长所需的内在动力便是自励，通过不断地自我鼓励与对远大目标的矢志不渝，才能有信心踏平道路上的荆棘。"希望"不是他人给的怜悯，而是自己内心燃烧的小宇宙，而让这股内心的烈火一直点亮的燃料，就是不断地自励。自励意味"主动追求"，对一个情商高的人来说，会主动完成自己的工作，而不是等着别人来安排或督促。自励意味"开放性学习"，只有具有开放性学习品质，才能接受新的知识，不断地完善和充实自己的知识结构，而一个意识完全封闭的人，不可能有什么发展和进步。自励意味"负责忠诚"，对一个情商高的人来说，会忠于自己的诺言，对行为负责，而不是推诿或找借口。作为当代革命军人，面临世界复杂的格局，强军卫国任重而道远，广大官兵更是需要时刻保持自励的心态，方能克服每一项艰苦困难的磨练，使军队战斗力能更上一层台阶。

1000美元一碗的中国拉面

他叫冯三峰，曾是河南省一个普普通通的高考落榜生。落榜后，他辗转在河南、山东和安徽等地打工，由于没有一技之长，几年过去，一事无成。

这时，有人嘲笑他："生就一个穷人命，想做富人万不能。"但他没有灰心，而是来到合肥一家厨师学校学手艺。与学做面食的白案相比，学烹饪菜肴的红案有更多的机会拿高薪，可他等了多次的机会，也没报上红案的名。不得已，他只得选择了白案。

这时，又有人嘲笑他："就算学成下来，也只不过是个包子师傅，还会有什么大出息？"他心想，不管怎么说，有门技术总比卖苦力要强，于是，坚持跟一位师傅学起了做面食。他学得认认真真，一年下来，竟将手中的面团玩到了炉火纯青：可以双手左右开弓擀12张饺子皮，可以不费吹灰之力做出一桌全面宴，更奇特的是，可以把拉面拉到在一根针眼里穿过15至20根。

之后，他凭着一手面点手艺，又辗转几个城市打工。由于有了一项手艺，较之以前，他的经济状况有了一定的改善。

有一天，一家驻外建筑公司招聘两名面点师傅，年薪6万元，工作地点是到这家公司设在阿拉伯联合酋长国的建筑分公司，他听说后动了心，赶去报了名，心想国外或许会有更大的发展空间。

凭着高超的面点手艺，他被选中了，来到阿联酋的第二大城市迪拜。在当地人只会做大饼的迪拜市，他变着法子做面食，让那些中国员工欢呼雀跃，更让一些阿联酋员工赞不绝口。短短的几个月时间，他的面条、花卷、饺子，给这座繁华的城市注入一股新鲜的活力。

一天,迪拜最豪华的也是世界上唯一的一家七星级酒店总管找到了他,以4000美元的月薪聘请他出任酒店的面点大师傅。

在酒店,他每天面对的几乎全是世界各国的王室成员、政要及体育和娱乐界的顶级人物。工作一个月后,他得到俄罗斯首富、石油大王罗曼·阿布拉莫维奇的亲自召见,这位亿万富翁对他做的面点兴致盎然。

他没想到,太多太多的富商巨贾、达官贵人在满桌的山珍海味面前,偏偏喜欢他传统的中国民间小吃。短短的一年时间,他的月薪涨到6000美元,加上每月小费4000美元,月赚1万美元。他曾亲手教会泰国总理夫妇做饺子,教会美军驻海湾地区前总司令施瓦茨柯普夫将军做兰州拉面,为好莱坞著名导演斯皮尔伯格表演拉面绝活。

2006年9月,美国国务卿赖斯入住酒店,她听说这个来自中国的面点师能将15根拉面穿过针眼,怎么也不相信,于是他当场表演,结果竟穿过了20根。所有围观者都目瞪口呆。就在当天的舞会上,他的拉面竟卖到1000美元一碗的天价!为此,他个人获得美国国务卿1万美元的天价小费!

在人们眼里,会做一碗拉面能有多大出息?可是,只要有心,小小手艺也能成大器,一碗拉面也会卖到1000美元,人生还有什么不能实现的!

四、认知他人的能力

认知他人的能力也叫同理心。同理心是为人处世的基本技巧之一,它同样需要建立在自我认知的基础上。具有同理心的人能够从细微的信息觉察他人的需求,这种类型的人特别适合从事医护、教学、销售与管理的工作。具体而言,具有同理心的人无论做什么事情都会站在对方角度想一想,总是会将心比心、设身处地为他人着想。有些俗话、谚语也恰好表达了与人相处需要同理心的道理,比如"人同此心,心同此理""想要知道,打个颠倒"。人与人之间的关系没有固定的公式可循,从关心别人、体谅别人的角度出发，做事时为他人留下空间和余地，发生误会时替他人着想，主动反省自己的过失，勇于承担责任，这都是一个人获得成功的关键。只要有了同理心，我们就能避免许多的抱怨、责难、嘲笑和讽刺，大家就可以在一个充满鼓励、谅解、支持和尊重的环境中愉快地工作和生活。

　　同理心的关键是换位思考，理解和认可情感差别，能和与自己的观念不一致的人和平相处，理解别人的感受，察觉别人的真正需要，具有同情心。能成为朋友的人都是能够相互尊重、相互理解的人。能够准确理解他人和表达出他人思想的人会得到更多的信任。因此要掌握换位思考和高位思考的技巧和态度。当他人与自己思想行为上有所差异时，切忌武断下定论，应该设身处地换位思考，假如双方角色互换，自己是否也会有不同的观点和行动。凭主观意识感受相互换位有时效果并不明显，因为没有真正意义上的完全换位。举个例子，站在地面上的人，只能看到伞兵跳伞的精彩，而无法深刻体会后者面对高空的恐惧。"燕雀焉知鸿鹄之志"中的燕雀的确没有去过高空，所以能够原谅与理解燕雀的无知，但是人作为高等动物，高情商的人能够通过大脑和心灵的丰富结合，充分换位思考和高位思考，掌握到通情达理的境界。现代社会的生产力比以往任何一个时代都是质的飞跃，有差距才会出现不平衡，作为军人要时刻警醒头脑，否则会被一些看似微弱的不平衡慢慢侵蚀，削弱战斗力。只有换位思考，才能达到"己所不欲，勿施与人"的效果；只有高位思考，才能达到"欲穷千里目，更上一层楼"的佳境。学会通情达理，人与人的关系会更进一层，不仅自己能广交真心朋友，同时他人也会容易与自己相处，团结的部队才是有战斗力的部队，所以通情达理是高情商的人必备的素质之一。

火车上的乘客

　　在火车上某个车厢内坐了两名乘客，他们正因窗户问题而吵架。

　　甲说："天气那么热，不打开窗户，会闷死人的！"说着就将窗户打开。

乙则忙将窗户关闭，说："天这么冷，不关上窗户会着凉生病的。"

双方因互不相让而争执不停，面红耳赤。最后，不得不请列车长前来主持公道。

列车长听了双方喋喋不休的理由后说："我建议不如先将窗户打开，让你们其中一个冻死。然后，再把窗户关闭，让另一个也热死，那么世界就太平了！"

每当我们面对一些问题时，尤其是与对方站在不同的立场时，不如心平气和地坐下来想对策或解决之道，无端地争执弄成两败俱伤的结局，才是最不划算的。

五、人际关系管理的能力

人际关系就是管理他人情绪的艺术。一个人的人缘、领导能力、人际和谐程度都与这项能力有关，充分掌握这项能力者通常是社会上的佼佼者。人际关系包括在社会交往中的影响力、倾听与沟通的能力、处理冲突的能力、建立关系的能力、合作与协调的能力、说服与影响的能力等。在上述五个方面中，前三个方面只涉及"自身"，是对自身情绪的认识、管理、激励与约束；后两个方面则涉及"他人"，要设身处地理解他人情绪，并通过妥善管理他人情绪来达到人际关系的和谐。换句话说，情商的基本内涵实际上包括两个部分：第一部分是要随时随地认识理解并妥善管理好自身的情绪；第二部分是要随时随地认识、理解并妥善管理好他人的情绪。

心理学提出了与人和谐相处很重要的两点，一个是无条件积极关注，另一个是真诚。无条件积极关注就是无条件地关注他人的言语、行为和需要，不能视而不见，也不能过分厌恶他人。真诚就是接纳他人，真心诚意与他人合作。世界公认母爱是最伟大的，无私的母爱中包含了人类甚至生物界的真善美，无条件积极关注和真诚两要素也充分体现在母爱中。高情商的人懂得开阔眼光和提升境界，对待他人同样能做到以上两点，借此赢得了他人的尊敬和钦佩。现代国防事业中专业分工越来越细,海、陆、空以及战略导弹部队联合作战的重要性日益加深,一体化打击也强调了合作的重要性,时代呼唤团队合作精神,时代需要官兵相互信赖、相互尊重和相互协作。只有真正融入了团队,才能保证工作的效率和质量。协作的作用在于提高组织的效率,使团队的整体战斗力超过成员个人战斗力的简单之和,从而形成强大的团队凝聚力和总战斗力,最终实现强军之路的目标。

六、不抱怨的能力

阿里巴巴的上市,让马云成了百姓的热门话题之一。马云在一次演讲中说过:"我接触的成功人士进入核爆炸状态,我和这些人打交道,再加上我自己的体会,发现成功的秘诀就是四个字:永不抱怨。"

永不抱怨是情商重要的一方面。要做到永远不抱怨,其实非常难,因为抱怨的产生有深刻的心理因素,有时是因为困难或挫折而产生了情绪不良反应;有时是因为某种需求和愿望被压抑得不到满足;有时则是因为遭受某种人际关系或工作上的沉重压力等。

曾经有一项调查表明,80.5%的抱怨与工作相关内容有关,有21.1%的人表示自己抱怨的目的是给自己找个逃避的借口。也就是说,大部分的抱怨,其实是没有正确地处理工作中出现的问题。因此要做到不抱怨,除了学会放松心情外,还要学会处理问题的态度和技巧。

从态度上来说,一方面先要在心里存在抵制抱怨的意识。这样才不至于一遇到不幸就沉溺于抱怨,最后让自己陷在负面的情绪里难以自拔。要知道,偶尔的抱怨会获得人们的同情、理解,经常的抱怨会让人形成一种负面心态,从而增加心理压力,抑制机体活力,影响内分泌,造成代谢紊乱。长期抱怨不断,不仅会让自己情绪消沉,还会传染他人,损坏人际关系。

另一方面,就要正确地分析抱怨,以加强抵制抱怨的内在动力。不妨分析一下,抱怨能解决问题吗?是不是抱怨就可以让问题消失了？当然答案是否定的，抱怨时心情看似得到了一时的缓解，但除此之外，并不能产生任何实际的意义。相反还很可能滋生更多的问题，复制了更多的抱怨，结果只能更加糟糕。

既然抱怨不会带来任何的益处，不能减轻痛苦，也无法改善处境，要做的只有停止抱怨。生命中最棒的时刻，就是认清了自己该担负责任的时刻，你不会再责怪社会不理解、政府不支持、其他人不可理喻等，就会开始了解，自己才是命运的主宰。

对于自己可能平时不太注意的抱怨，可以用以下心理学技巧来解决。

（1）暂时把问题放下或休息一下，重新获得能量后再去面对它；

（2）承认和接受问题，镇定下来，如果对问题过于敏感和情绪化，只会使不满或痛苦情绪轮转得更快；

（3）正面地看待问题，学会与问题交朋友，即使有的问题表面上是负面的，也必须尝试着看它正面的部分；

（4）恐惧心理和焦虑都是自身产生出来的，应学会尽量放松，如果不把焦虑感当作问题的话，焦虑本身将失去它的刺激性，不会形成伤害性力量；

（5）尝试解决问题而不是否认，将解决问题当做一种智力游戏和精神乐趣。

（6）多结交一些积极的、优秀的朋友，也可以从他们的身上学到阳光的心态和有益的东西。

境由心生
——谈青年官兵的阳光心态

阳光是世界上最纯粹、最美好的东西。我们的生活离不开阳光,但决定我们生活是否健康的不是头顶直射的太阳,而是自己心灵深处的阳光。人的心灵就像大地一样,需要阳光的温暖、雨露的滋润以增加营养,否则就生长不出茁壮的"庄稼"。

假设把 A 到 Z 26 个英文字母,分别用 1 到 26 这 26 个数值代表,那么我们就能得出如下有趣的结论:

LOVE(爱情):L+O+V+E = 12+15+22+5 = 54

LUCK(好运):L+U+C+K = 12+21+3+11 = 47

MONEY(金钱):M+O+N+E+Y = 13+15+14+5+25 = 72

KNOWLEDGE(知识):K+N+O+W+L+E+D+G+E = 11+14+15+23+12+5+4+7+5 = 96

HARDWORK(努力工作):H+A+R+D+W+O+R+K = 8+1+18+4+23+15+18+11 = 98

这些我们通常非常看重的东西都不是最完美的,虽然它们非常重要,那么,究竟什么能使得我们真正快乐?

是 ATTITUDE(心态)!A+T+T+I+T+U+D+E = 1+20+20+9+20+21+4+5 = 100

古希腊哲学家爱必克泰德说过:"重要的不在于发生了什么,而取决于我们如何对待"。以什么样的心态应对工作和生活中的挫折至关重要,阳光心态让人们俯视挫折,信心百倍地把挫折当做走向成功的阶梯;而郁闷心态则让人们仰视挫折,心甘情愿地沦为挫折的奴隶。

一、阳光心态的内涵

台湾著名作家林清玄,书法写得很好。一次朋友向他讨墨宝,再三考虑后他写下了"常想一二"四个字。朋友问这几个字是什么意思?他说:"人生不如意事十常八九,但扣除八九成不如意,至少还有一二成是如意的、快乐的事情,我们如果要过快乐人生,就要常想那一二成好事,这样就会感到庆幸,懂得珍惜,就不至于被八九成的不如意所打倒了。"

的确,我们在日常生活中会经常遇到各种各样的麻烦和困扰,比如工作环境不称心、经济条件不宽裕、评优评先没有份、受冤枉挨批评等等。如果总是想不开,就会导致情绪失控。一些人为了芝麻大点儿事,出言不逊,更有甚者,干脆连工作也不干了,破罐子破摔。这样的行为使自己的人品大打折扣,同时人际关系也严重受损。而他们却往往以诸如"怀才不遇""生不逢时"为托词来为自己开脱。一个宽容豁达的人,面对同样的困境就能持积极心态,妥善对待和处理好这些事情,他们的人生就可谓顺风顺水。这种豁达、乐观开朗的心态,就是我们所说的"阳光心态"。

塑造"阳光心态",个人的内在修养至关重要。《庄子》中有一则故事:

在一个大雾迷漫的清晨,一人划船逆流而行,忽见一只小船顺流而下,向自己驶来。他大声呼喊:"小心,注意!"但对方却不理不睬。就在两船擦肩而过的瞬间,他发现原来那是一只空船。此时,他满腔怒气立即烟消云散,还为自己躲避得及时而暗暗庆幸。以后他很少再发脾气,因为他把每个人都看成是"无人的空船"。

如果我们的心态修养能达到把对方当做一只"空船"的境界,自然会获得一种"不计较"的洒脱。积极的心态就是一缕温暖的阳光,它能驱散心中的阴霾,哪怕遇到再多的艰难险阻,也能享受到其中的愉悦。

电视剧《士兵突击》中的许三多,新兵下连队就被分到荒无人烟的大草原上。残酷的现实,对于向往火热军营生活的人来说无疑是当头棒喝。在这样的环境下,许多人选择在无所事事中虚度青春。而许三多心中却有一个念头:"不抛弃,不放弃",始终保持积极向上的"阳光心态",坚持每日作息时间,坚持每天的军事训练。同时,他还凭着坚忍不拔的毅力,独自修了一条当年一个加强排都没有修下来的路,给偏远的哨所增添了亮色,给周围的战友带来了激励。有个哲人说过,生活中并不缺少美,而是缺少发现美的眼睛。所以,我们应该养成一种习惯,用心灵的摄像机经常去发现生活的美好。不管周围环境如何变化,既来之,则安之。

二、心态不同人生不同

生活中,一个好的心态,可以使你乐观豁达;一个好的心态,可以使你战胜面临的苦难;一个好的心态,可以使你淡泊名利,过上真正快乐的生活。

从不同的角度看,心态只有两种:积极的和消极的。而对相同的夕阳,有人低叹:"夕阳无限好,只是近黄昏"(李商隐)。有人反对说"但得夕阳无限好,何须惆怅近黄昏"(朱自清)。而有人则高歌:"老夫喜作黄昏颂,满目青山夕照明"(叶剑英),这已全是另一番心灵境界。人与人之间只有很小的差别,但这种差别却往往造成了人生结果的巨大差异。

一青年总是埋怨自己时运不济,生活不幸福,终日愁眉不展。这一天,走过一个须发俱白的老人,问:"年轻人,干吗不高兴?"

"我不明白我为什么老是这么穷。""穷?我看你很富有嘛!"老人由衷地说。"这从何说起?"年轻人问。老人没有正面回答,反问道:"假如今天我折断了你的一根手指头,给你1000元,你干不干?""不干!"年轻人回答。"假如斩断你的一只手,给你1万元,你干不干?""不干!""假如让你马上变成80岁的老翁,给你100万,你干不干?""不干!""假如让你马上死掉,给你1000万,你干不干?""不干!""这就对了,你身上的钱已经超过了1000万了呀!"老人说完笑吟吟地走了。

看来,感叹自己不幸的人,并不是由于幸福之神从未光临过他们,而是因为他们心灵的空间挤满了物欲,无法对自己的拥有感到幸福。

心态，反映一个人的品德与修养。在现实生活中，有的人为同事的进步或取得的成就而高兴，对比自己能力强的人从内心敬佩，并暗自以他为榜样，向他学习，取他人之长，补自己之短。然而，也有些人与此相反。自己穷，也不想让别人富，这是一种不正常的心态。

心态，影响着一个人的健康。消极的思想与不满情绪会引发疾病。著名医学保健专家洪昭光说过："人的健康长寿四要素之一，就是心态平衡。"诺贝尔医学奖获得者亚历西斯·卡瑞尔的论断："无法处理忧虑的人，往往英年早逝。"这说明心态与健康的关系。

心态，决定一个人的幸福。我国有句劝人的古语："为所有而喜，不为所无而忧。"然而，在现实生活中，有些人却像先哲们所说的那样：我们很少想到我们自己所拥有的，却总是想自己所没有的。这是人类世界最大的不幸。

心态，决定一个人的成败。一切的悲观情绪和忧虑都是成功的杀手。生命中，有许多事是无法控制的，但人们可以控制面对这些事情的心态。生活中不可能没有失败和挫折，但问题是有的人一旦遇到失败和挫折，就会失去意志和勇气；而有的人则能从中吸取教训，获得经验，并化为一种前进的动力。

三、阳光心态的培育

（一）关注事物的积极面

请把两只手分开，手指伸直，平行，相距一两寸，然后闭上眼睛将注意力集中到自己的食指上，想象有一根绷紧的橡皮筋缠绕在上面，然后开始对自己说话，语速要缓慢，语调要从容："我能感觉到把我的手指拉得越来越近……越来越近……"，怎么样，我想大多数的同志已经发现自己的手指真的靠得越来越近了，而实际上，我们的手上并不存在橡皮筋，我们只是无形当中运用到了暗示的力量。

其实，自我精神的力量是非常强大的，在我们身边，无处不充满了这样的例子，比如某位同志工作没干好，被领导批评，领导对他说："你怎么那么笨啊，这么简单的事都做不好，要你有什么用。"如果他接受了这样的消极暗示，并且认为自己真的很没用，我想很可能他接下去就会是烦躁郁闷了。还有的同志不敢在很多人面前发表自己的观点，因为他曾经有一次在大家面前说话时出了丑，于是他就认定自己没有这个能力，反复地自我暗示，很可能他就真的无法在众人面前顺畅地发表观点了。

关注事物的积极面，就是运用一种积极的思想，或者语言，对自己进行提醒，以达到改变认知、增强信心和振奋精神的目的，这是心理治疗常用的方法。

心理学家说：有效的、积极的心理暗示能提高自我价值的认识，建立充分的自信。构建自信有三种常用的方法：

（1）自我言辞暗示。如，誓师大会、宣誓、座右铭等等暗示。有些算命先生就是运用了暗示的力量，使自己显得好像真算准了。有的人是无神论者，自幼就不信神，但为什么他在关键时刻又要找大师算卦呢？这就是希望用暗示激励扭转局面。

（2）角色假定暗示。如，想象自己就是某成功者，假定自己是承担某种特殊使命的人。

（3）梦想暗示。也就是将你向往的理想，在脑海里形成一个具体明确的画面，也可以剪一张真实的画贴在墙上，经常不断地看，从而促使你的行动。如一枚军功章、一个打满十环的靶子、一位意中人等。当你一看到梦想板的时候，你还可以吼一声：我一定要得到他！捏捏拳头。这不是疯子，是用潜意识力量，促使梦想实现。潜意识的力量是十分惊人的，早晚灌输，定能激发出巨大的潜能。

（二）明确目标，树立信心

从前，有一群青蛙组织了一场攀爬比赛，比赛的终点是一个非常高的铁塔的塔顶。一大群青蛙围着铁塔看比赛，给它们加油。比赛开始了，群蛙中没有谁相信这些小小的青蛙会到达塔顶，他们都在议论：

"这太难了！它们肯定到不了塔顶！"

"他们绝不可能成功的，塔太高了！"

听到这些，一只接一只的青蛙开始泄气了，除了那些情绪高涨的几只还在往上爬。这群青蛙继续喊着：
"这太难了！没有谁能爬上顶的！"

越来越多的青蛙累坏了，退出了比赛。但是还有一只越爬越高，一点没有放弃的意思。最后，其他所有的青蛙都退出了比赛，除了这一只，它费了很大的劲，终于成为唯一到达塔顶的胜利者。

人们可能会问，那只青蛙为什么能爬上塔顶？

A. 这只青蛙是个聋子！

寓意：人只需要了解和目标有关的积极信息，单纯而执着地奔向自己的目标。

B. 这只青蛙是个瞎子！

寓意：排除那些习惯消极悲观看问题的看法，因为它们只会粉碎你内心最美好的梦想。

C. 这只青蛙是正常的！

寓意：总是记住你听到的充满力量的话语，因为所有你听到的或读到的话语都会影响你的行为。

所以，要总是保持阳光心态，要总是想着：我一定能做到！人生需要目标，同样需要你满怀信心地去实现自己的梦想。下面介绍几个帮助你树立信心的简单方式：

1. 练习正视别人

一个人的眼神可以透露出许多有关他的信息。某人不正视你的时候，你会直觉地问自己："他想要隐藏什么呢？他怕什么呢？他会对我不利吗？"不正视别人通常意味着：在你旁边我感到很自卑；我感到不如你；我怕你。躲避别人的眼神意味着：我有罪恶感；我做了或想到什么我不希望你知道的事；我怕一接触你的眼神，你就会看穿我。这都是一些不好的信息。

正视别人等于告诉你：我很诚实，而且光明正大。我相信我告诉你的话是真的，毫不心虚。

2. 把你走路的速度加快25%

许多心理学家将懒散的姿势、缓慢的步伐跟对自己、对工作以及对别人的不愉快的感受联系在一起。但是心理学家也告诉我们，借着改变姿势与速度，可以改变心理状态。你若仔细观察就会发现，身体的动作是心灵活动的结果。那些遭受打击、被排斥的人，走路都垂头丧气、无精打采，完全没有自信心。普通人有"普通人"走路的模样，作出"我并不怎么以自己为荣"的表白。另一种人则表现出超凡的信心，走起路来比一般人快，像在跑。他们的步伐告诉整个世界："我要到一个重要的地方，去做很重要的事情，更重要的是，我会在 15 分钟内成功。"使用这种"走快 25%"的技术，抬头挺胸走快一点，你就会感到自信心在滋长。

3. 练习当众发言

在会议中沉默寡言的人可能认为："我的意见可能没有价值，如果说出来，别人可能会觉得很愚蠢，我最好什么也不说。而且，其他人可能都比我懂得多，我并不想让你们知道我是这么无知。"这些人常常会对自己许下很渺茫的诺言："等下一次再发言。"可是他们很清楚自己是无法实现这个诺言的。每次这些沉默寡言的人不发言时，他们就又中了一次缺少信心的毒素了，会愈来愈丧失自信。从积极的角度来看，如果尽量发言，就会增加信心，下次也更容易发言。所以，要多发言，这是信心的"维他命"。不论是参加什么性质的会议，每次都要主动发言，也许是评论，也许是建议或提问题，都不要有例外。

4. 咧嘴大笑

大部分人都知道笑能给自己很实际的推动力，它是医治信心不足的良药。但是仍有许多人不相信这一套，因为在他们恐惧时，从不试着笑一下。真正的笑不但能治愈自己的不良情绪，还能马上化解别人的敌对情绪。如果你真诚地向一个人展颜微笑，他实在无法再对你生气。咧嘴大笑，你会觉得美好的日子又来了。笑就要笑得"大"，半笑不笑是没有什么用的，要露齿大笑才能有功效。比如礼仪小姐的笑要求露出八颗牙齿，就是这个道理。我们常听到："是的，但是当我害怕或愤怒时，就是不想笑。"当然，这时，任何人都笑不出来。窍门就在于你强迫自己说："我要开始笑了。"然后，笑。要练就控制、运用笑的能力。

5. 学会审视自己

内观法是研究心理学的主要方法之一，这是实验心理学之祖威廉·冯特所提出的观点。此法就是很冷静地观察自己内心的情况，而后毫无隐瞒地抖出观察结果。如能模仿这种方法，把时时刻刻都在变化的心理秘密，毫不隐瞒地用言语表达出来，那么就没有产生烦恼的余地了。例如初次到某一个陌生的地方，内心难免会疑惧万分，这时候，不妨将此不安的情绪清楚地用语言表达出来："我几乎愣住了，我的心忐忑地跳个不停，甚至两眼也发黑，舌尖凝固，喉咙干渴得不能说话。"这样一来，不但可将内心的紧张驱除殆尽，而且也能使心情得到意外的平静。

6. 做自己能做的事

知道应该做的事，然后加以实行，就可以从自我的形象中获得解放。总之，要试着记下马上可以做的事，然后加以实践，没有必要非是伟大、不平凡的行动，只要是自己能力所及的事就足够了。因为我们就是想一步登天，所以才找不到事做。"今日事今日毕"，今天可以轻松做完的工作，如果留到第二天，工作就会变得很沉重。如果心想"真烦！"而留待第二天，工作就会相对地变重。今天能动手做的事如果拖到第二天，那么那些延迟的工作就会使自己的负担加重。就像跑五公里越野，我们要把到达终点的路程分成每个小段，每达成一个阶段，都会产生新的动力，然后就会激发达成终极目标所需要的动力。如果一开始就心想："大概很难吧！"然后陷入忧郁的人，很可能就永远不能达到目标了。

（三）知足常乐，学会放弃

在草原的时候听过这样一个故事：

一个牧民，有着大片肥美的草场，但他却只养着几十只羊。每天，他把羊群赶到草原上，自己就怡然自得地躺在一边晒太阳。

有一天，一个路过的商人看见了，就问他为什么不多养些羊。牧民说这些羊已经够我一家人生活所需了，我不用再养那么多的羊。商人不无惋惜地说:"你这样真是太浪费资源了。"牧羊人问:"那我该怎么办?"商人告诉他首先要多养上几百只羊,赚钱之后再承包更多的草场,扩大羊群规模,等有了足够的钱,就开办一个羊毛和羊肉制品的加工厂。有了这样天时地利的优势,不出10年,工厂就可以上市了。

牧羊人问:"然后呢?"商人哈哈大笑:"到那时候你就可以宣布退休,把公司交给CEO去打理,自己在家等着大把大把地数钞票就行了。"

牧羊人又问:"那然后呢?"商人说:"那你就什么都不用想,可以躺在这儿晒太阳,尽情地享受你的生活了!"

听完商人的话,牧羊人意味深长地说:那你觉得我现在不是在晒太阳享受生活吗?

是啊,精明的商人至少要辛苦10年才能追求到享受生活的快感,而牧羊人只是放弃了中间环节的物欲,他不需要去大把大把地数钞票,却可以尽情地享受自己的生活。

人生中,有时我们的心思太杂乱,我们的负荷太沉重,我们的烦恼太无绪,诱惑我们的东西太多,严重地妨碍了我们,无形而深刻地伤害着我们。就像故事中的商人一样,想要享受生活,又想要更多的钞票。而我们的人生要有所收获,就不能让诱惑自己的东西太多,心灵里累积的烦恼太杂,努力的方向过于分叉;我们要简化自己的人生,要不断地学会否定自己。要想真正做一个身心自由的"牧羊人",就必须把生活中和内心里的一些欲望断然地放弃。

放弃没有意义的交际应酬,放弃不必要的忙碌压力,放弃唾手可得的不义之财,你的身体将更加自由;放弃变味的友谊,放弃失败的恋爱,放弃破裂的婚姻,你的心灵将更加自由;放弃实权虚名,放弃人事纷争,放弃钩心斗角,你的精神将更加自由。只有放弃我们人生原野里的杂草害虫,才会获得真正适合自己的东西。

放弃,是对精神藩篱的一次突出重围,是对生命行囊的一次清理减负。丢掉那些不值得你带走的包袱,拿走那些拖累你的负担，砸烂那些束缚你的名枷利锁，轻装上阵，人生的旅途才会更加愉快，才可以登得高、行得远，看到更美、更多的人生风景，实现人生的终极追求。

（四）心怀感恩，善于付出

人们常说，有付出，必有回报。付出就是在服务别人，就好比一粒粒幸福的种子，培育好了，就能长出一朵朵幸福的花儿，在芬芳了众人的同时，也陶醉了自己。

有个馒头店的老板，每天蒸120个馒头，100个用来出售，20个用来接济贫苦的老人和孩子。在生意好的时候，馒头刚一出笼便被顾客们一抢而光了。于是有人便劝他卖掉那些留下的馒头，可是无论顾客如何要求，这个馒头店老板就是不肯将那20个馒头卖掉，而当他用夹子把热乎乎的大馒头送给老人和孩子的时候，黝黑的脸上便会绽放出明亮的光彩，那种幸福的感觉是其他人很难体会得到的。

赠人玫瑰，手留余香。其实付出也是一种幸福，当馒头店的老板把馒头送给老人和孩子的时候，他看到自己的付出给别人带来了快乐，于是自己也跟着"幸福"了起来。在生活中，收获固然是一种幸福，但付出又何尝不是一种幸福呢？付出时间能够收获希望，付出劳动能够收获果实；付出真心能够收获真情，付出爱心就能够收获整个世界。

人生最美丽的补偿之一，就是人们在真诚地帮助别人之后，其实同时也是在帮助了自己。真诚地伸出你的手去援助别人，不仅不会使你受到什么样的"损失"，还能使你在帮助别人的过程中得到幸福的感觉。

其实，付出的幸福感觉是我们随时随地都很容易得到却又最容易忽略的事情。在我们埋怨生活压力大，到处充满功利，找不到幸福感觉的时候，其实也许是你没有时间去察觉，去体会生活中的幸福啊。当你在公交车上给老人让座时，别人会很开心，你也会很快乐；当你给乞讨者施舍的时候，也许你的真心付出换来的是他生存的希望，那一刻你会感觉到很幸福；当你周末把家里收拾一番，然后再为家人做一道刚学来的菜，一家人快快乐乐地品尝你手艺的时候,那种天伦之乐,不正是你的付出所获得的幸福吗?

学会付出,便是拥有了阳光心态。种下付出的种子,幸福的花儿就会美丽你的内心,让你呼吸到幸福的持久的香味儿。

《小窗幽记》中有这样的诗句:"宠辱不惊,看庭前花开花落;去留无意,望天空云卷云舒。"让我们给自己的心开一扇窗,让阳光进来,塑造积极健康的"阳光心态",去勇敢面对充满挑战的未来。

看淡得失
——谈青年官兵的心理平衡

在现实生活中，青年军人产生心理不平衡的现象是比较普遍的。有的看到别人入党、提干、立功受奖或者是看到别人发了财、升了官，而自己什么也没有得到，心理便不平衡，四处发牢骚、讲怪话；有的人看到别人能力比自己强，成绩比自己突出，便嫉妒、不满；有的人遇到挫折和失败后，灰心丧气，怨天尤人，抱怨命运不公，以此来发泄心中的不平，这些都是不平衡心理所使然。不平衡心理是种可怕的病毒，一旦染上，就会引发心理疾病和障碍，给我们带来无尽的痛苦。

某连战士小李看到自己同年入伍的战友有的考上军校、有的留队准备转改士官，而自己面临复员回家，心理极不平衡，整日闷闷不乐、郁抑寡欢，不满和愤怒的情绪长期积郁在心中，没多久便得了精神分裂症。不仅如此，不平衡心理还是一个贪婪的妖鹰，在吞噬人的灵魂。某部司务长钟某，经常到地方联系有关业务，看到地方有些青年穿名牌、抽名烟，花钱如流水，感到自己辛辛苦苦干一年，还没有他们一个月挣钱多，心理极不平衡，便开始寻找自己的致富路。他先后三次盗卖连队的粮油。然而，很快便被部队发现，他受到行政记大过、党内严重警告处分。心理不平衡也成为我党高级干部犯罪的诱因。重庆市司法局原局长文强在悔过书中发牢骚："十多年一直在公安局担任副局长……看到比自己资历短、业务又不熟悉的人都得到提拔，产生不满情绪，升官不成，就乱用权"。被称为"红顶商人"的浙江省衢州市原市委常委、巨化集团董事长叶志翔，谈及犯罪心路历程时说："我担任巨化集团公司董事长后，与一些较为成功的浙商交流中，心理很不平衡……与他们比我的优势更多、付出更大，但与得到的却不成比例。"

一、不平衡心理的表现及危害

（一）什么是不平衡心理

不平衡心理是人们常用的习惯用语，在心理学著作里没有这一名词的确切定义，但在生活中使用的频率却比较高，是一种比较常见和普遍的社会心理现象。一般说来，不平衡心理是指人因某种需要没有获得满足或发生其他挫折而产生不满、怨恨、愤怒等复杂的心理活动或内心体验。比如某人因某一方面不如他人或某一事物不合己意而产生的一种不满、不服和愤怒等消极情绪，就是心理不平衡的具体表现。它是人进行心理自我调节过程中的一种心理反应形态，是以自我为中心，由虚荣、自私、贪婪、攀比滋生出来的不满情绪。

不平衡心理有6个基本特征：

（1）普遍性。平衡心理在青年军人中普遍存在，几乎每个人都不同程度有过不平衡的心理体验或反应。不同的是在有的人身上反应强，在有的人身上反应弱；有的表现很突出，有的表现不明显。

（2）广泛性。不平衡心理涉及的方面和领域比较广泛。如，事业、能力、成绩、官位、财富、地位、住房、用车等，都会引发不平衡心理的发生。在人们的工作、学习和生活中的方方面面，随处都可以看到不平衡心理引发的种种表现。

（3）传染性。不平衡心理最先产生在个体身上，个体通过自己的言行在群体中发泄心中的不满情绪，使他人也受到感染，从而使更多的人产生不平衡心理。

（4）复杂性。不平衡心理是多种不健康心理交融在一起的复杂的心理现象，无论是表现形式和诱因都是极其复杂多样的。

（5）顽固性。不平衡心理是难以从根本上消除的，即使通过调节暂时恢复了原有的平衡，当受到新的刺激和影响时还会随时"复发"。有时消除了这方面的不平衡，又会出现另一方面的不平衡。

（6）潜在性。不平衡心理并不是都能及时调节和消除的，如果消除的方法和措施不得力，它将长期潜伏在人的心中。随着时间的推移，有的可能会逐渐淡化，有的则可能继续加重，发展成心理障碍。

（二）不平衡心理的五种类型

1. 攀比型不平衡

这是一种最常见、最普遍的不平衡心理现象。爱攀比的人有一个共同特点就是比高不比低、比好不比差、比快不比慢，因而比来比去，始终觉得自己是"吃亏"的，老感到"生不逢时""自己命不好""没什么干头了"。越比越泄气，越比越没干劲。某部技术员梁辉，从地方考入军校，本科毕业，学的是计算机专业，22岁就是中尉副连职军官。在一般人眼里，他是被羡慕的对象。可是，当他看到驻地一些单位从事计算机工作的技术人员一个月能拿到近万元工资，相当于自己工资的几倍时，他感到很不平衡，觉得在部队没什么搞头。因而，刚毕业不到一年，就递交转业报告，工作马虎应付，自我要求不严，常不请假外出，甚至夜不归营，在官兵中造成极不好的影响。领导多次做工作，他都当耳旁风，依然故我。最终，由于严重违纪，被劳动教养一年。到劳教所他才真正醒悟："军人比上不足比下有余，是盲目攀比害了自己"。

2. 挫折型不平衡

这主要表现在不能正确对待挫折和失败。有些人当在事业和爱情上遭受挫折时，就觉得处处不如意。他们不是认真去分析查找失败的原因和教训，从挫折中重新奋起，而是消极对待，片面强调客观。当看到别人取得成绩或成功时，就感到不舒服，心理极不平衡。通常表现为悲观、颓废、失意、落魂；既抱怨命运不公，又责怪自己无能；感到命运不好，生活在捉弄自己，机遇青睐他人；片面地认为自己做错了什么，甚至怀疑别人做了什么手脚等等。

3. 嫉妒型不平衡

这也是一种常见的表现形式。看到别人有了成绩，有了进步，在某些方面超过了自己，心里不能接受，进而对别人心怀嫉恨，引发心理上不平衡。主要表现是造谣诬陷，无事生非，贬低、报复、打击别人。通过伤害他人，来求得自己心理上的平衡和满足。

4. 逆反型不平衡

这主要是对某一对象或某一事物感到厌倦、反感而产生抵触和对抗情绪，因而造成心理不平衡。这种类型的不平衡平时表现比较弱，一旦碰触到刺激源时，便表现得非常强烈。往往表现为对他人不服气，不理不睬、漫不经心、讽刺讥笑、顶撞对抗等。有时态度偏激，甚至是反其道而行之。通过言语上顶撞，行为上懈怠或对抗来平衡自己的心理。

5. 贪婪型不平衡

某些人对自己要求过分严格和苛刻，总想处处高于别人，而事实上又没有能力或无法超过别人，于是对自己满怀怨恨，对他人左右看着不顺眼。这种人总想事事独占鳌头，获取占有最大利益，当贪婪的欲望得不到满足时，便产生烦躁情绪，引发心理上的严重不平衡。

（三）不平衡心理的危害

不平衡心理对青年军人的危害很大。主要有四个方面：

第一，容易挫伤工作积极性和创造性，影响工作效率。青年军人一旦产生了不平衡心理，工作时便带有不满、不服气和对抗情绪，工作就会粗枝大叶，应付了事，使工作效率大大下降。同时，因其情绪低落，精力分散，就不能开发创新思维并创造性地开展工作。

第二，容易形成变态心理，影响身心健康。不平衡心理如果长时间得不到控制和消除，势必会越发展越严重，思想上钻"牛角尖"，最终产生言行孤僻、精神失常等严重的变态心理，使青年军人的身心健康受到危害。

第三，容易酿成事故，影响部队建设。长时间处于不平衡会给心理带来巨大的压力，若这种心理压力不能及时得到缓解，一旦超过心理承受的负荷时，就会导致心理不正常发泄，发生越轨行为，酿成人为事故。比如轻生自杀、行凶报复等，大多是不平衡心理恶性发展所致。

第四，损害人际关系。心理不平衡一般是针对与自己生活、工作在同一环境中的人，比如，同乡、同学、同事等。对与自己毫不相干的人是不容易产生不平衡心理的。一旦对他人产生不平衡心理，言行就会表现为耍态度、讽刺打击；或造成尴尬，疏远冷淡；或造谣中伤，诋毁对方。这无疑会破坏战友之间的友谊，使战友之间的友情产生难以弥合的裂痕。王俊与欧阳路原本是很要好的朋友，两人在专业训练上比着干，都是连队的训练尖子。可是，第二年，王俊入党后，情况发生了变化。欧阳路觉得自己处处比王俊强，他怎么能早于自己入党呢？后来，因为一次口角两人大打出手，严重影响两人之间的关系，同时也影响了两人的进步。

二、不平衡心理产生的原因

（一）主观原因

1. 需要得不到满足

在精神方面，青年军人主要是渴望得到别人的尊重，渴望获得荣誉、名利和地位等。在物质方面，主要是追求财富，渴望拥有富裕的生活等。这些需要有一些是合情合理的，而有一些则是不合情理、不切实际的。合理的需要得不到满足时心理就不平衡。不合理的需要自己没有得到，别人也没有得到时，不平衡的程度较弱，一旦别人得到了，不平衡心理便会立刻加重。然而，人的需要是无穷无尽的，满足一个需要便会有下一个需要的产生。因此，不平衡心理是时常发生的，它伴随着人的需要的产生与满足而产生和消除。

2. 动机受阻

青年军人有着各种各样的动机。比如，有的想入党、当班长；有的想考军校或提干；有的想学技术、转志愿兵；等等。当这些动机遇到障碍时便容易产生不平衡心理。

3. 思维片面

考虑问题时不是全面地、一分为二地思考，只盯着自己关注的某一点或者是事物的某一方面去考虑，从而导致思维的片面性，认识上的错误，继而诱发不平衡心理。

4. 性格不健全

有的青年军人天生心胸狭窄、内向孤僻，有的争强好胜、性情急躁。具有这些不良性格的人，遇事往往想不开，认死理、走极端，容易诱发不平衡心理。

（二）客观原因

当前军队内部的某些现实状况，也是诱发不平衡心理的一个重要因素。

1. 个别干部自我要求不严，形象不好

有的干部不严格要求自己，不能廉洁自律，不注重自身形象，爱占公家便宜；有的吃吃喝喝，吹吹拍拍；有的工作上怕苦怕累，斤斤计较，在遇到困难和危险时，不是身先士卒，而是缩头缩脑；有的干部不坚持原则，爱拉老乡关系，划小圈子，搞亲此疏彼，处事不公道，不能一碗水端平。从而引起战士们的不满，容易诱发不平衡心理。

2. 少数单位风气不正，处事不公

现实生活中存在的不公平现象和不公平竞争是诱发不平衡心理的重要原因。青年军人对入党、提干、学技术、考军校、晋职晋衔等热点问题特别关注，都希望自己能通过个人的努力来达到目的，但是在一些单位和部门存在着竞争不公平现象。办什么事都要靠关系、靠送礼，没关系、不送礼就办不成事。原本应该属于自己或有希望属于自己的东西，被他人采取不正当竞争手段而占有。这样极易直接造成部分人心理上的不平衡。

3. 少数官兵实际困难多，压力大

当前，青年军人面临的个人实际问题比较多。如，个人进步问题、去留问题、婚恋问题、家庭问题等等，这些问题的增多，无形中给他们带来心理和思想上的压力。如果这些问题能得到圆满解决，压力便自行消失。如果解决不好，心理压力便会加重。如果解决得不合理，心理就会产生不平衡，严重时有可能诱发人为矛盾和事故。

三、怎样看待不平衡心理

提到人的不平衡心态，大多数人认为是一种不好的心态。其实，应从以下几个方面理解。

首先，不平衡心理是人的一种正常心理现象。它源于人的内心欲望，当人的内心欲望得不到满足时，就会产生不平衡心理。譬如，穷人看到富人，自然就会感到心理不太平衡；看到从小一起长大的兄弟发达了，心理自然也会不平衡等等，这都是正常现象。

其二，不平衡心理因人而异，有强弱之分。有的人强一些，有的人弱一些。欲望强的人，不平衡心理就强；欲望少的人，不平衡心理就弱。

其三，不平衡心理不随穷富或官大官小而有或无。穷人有不平衡心理，富人照样有不平衡心理。职位低的看到同龄人比自己职位高，心理会不平衡；职位高的看到职位更高的人，心理也会不平衡。这都很正常。

其四，不平衡心理有积极作用的一面，也有消极的一面。当生活不如意时，敢于面对，多从自身找原因，努力改变生活现状，不平衡心理就成为一种动力，对人的发展起着积极的作用；当生活不如意时，不敢面对，总是埋怨社会的不公，嫉妒别人的生活，不平衡心理就作为一种阻力，对人的发展则起着消极作用。

其五，不平衡心理是动态的。它会随着时间的推移和欲望的不断满足或欲望的不断落空而逐渐加强或减弱。不平衡心理是难以从根本上消除的，即使通过调节暂时恢复了原有的平衡，当受到新的刺激和影响时还会随时"复发"。有时消除了这方面的不平衡，又会出现另一方面的不平衡。

其六，不平衡心理是可以调整的，但不同的人调整能力有所不同。调整能力强的人，很快将不平衡心理弱化或转化为一种动力；而调整能力差的人，会将不平衡心理强化，导致心理失衡，造成心理抑郁、心理扭曲，更有甚者会产生过激行为。

四、克服不平衡心理

物失衡则倾,心失衡则乱。平衡的心态是我们赢得幸福生活的制胜法宝。生活在如今日新月异的现实社会中,每天都会遇到各种各样复杂的情况、遇到性格各异的人,这些事和人往往会影响我们的心态,使我们的心情和做事的方式随之变化。此时平衡心态便显得异常重要,如果我们能够静下心来,能够保持一个平衡的心态,能够冷静地总结自己的得与失,客观地对待身边发生的事,保持一个良好的心态,我们便能获得快乐的心情、会保持一个健康的体魄,否则如果我们失去了平衡的心态而又不能得到及时调整,就会整天生闷气,发牢骚,不思进取,从而引起身体的不适而患病。

(一) 不盲目比较

心理失衡,大多是因为选择了错误的比较对象,总拿比自己强的人比,总拿自己的弱点与别人的优点比。如果能够认清自我,不去比较,或者实在要比的话,就和自己处于同一起跑线上的人比较,那生活中会少一些烦恼,多一些笑声。

(二) 多从自身找原因

个人心理的不平衡,可能是因为别人干扰了你的生活造成的,但自己没有处理好,没有调整好,原因还在于个人;也可能是自己该看淡事情没有看淡,该抓住的机会没有抓住,不该有的欲望过于强烈,不该关注的事情自己关注了,原因更在于个人。一切烦恼都是因为自己没有找到排解的方法而造成的。不要过多地抱怨社会,社会对于每个人来说,总的来说还是公正的,它为每个人的发展都提供了一个平台。关系不够硬,能力不够强,目标达不到,心理不平衡,怨不得社会。

(三) 适当控制欲望

人不是不可以有欲望,基本的生理欲望、生活欲望是我们生活的动力,我们无法想象一个人没有欲望是个什么样子。但人的欲望是无止境的,由于人的能力是不同的,过高的欲望对于一些人来说根本不可能实现,出现心理失衡的可能性极大。因此,我们要根据自己的能力控制自己的欲望,我们可以把自己的欲望定得高一点,但必须在我们能力所及范围之内,超出自己的能力去追求欲望是不现实的,只会给自己造成更大的心理不平衡,给自己增加心理负担,影响自己的生活质量,降低自己的幸福指数。

(四)适度情绪宣泄

你有权发火,怒而不宣会摧毁肌体的正常机能,导致体内毒素滋生,使人变得抑郁、消沉。适当的发泄可以排除人内心的怒气,可以使人重新鼓起生活的勇气。发泄的方法很多,可以向朋友、家人倾诉,也可以通过独处时的怒吼,也可以对着某物打上几下等等。就像以前听说某人在自己办公室里放了一盆沙子,愤怒时便用力去搓沙子,这样既不伤害别人也不伤害自己,不失为发泄的一个好方法。

(五)切勿斤斤计较

翻看社会上成功人士的人生轨迹,能成大事者往往都能够从大处着眼,对别人的小过失、小错误都不会斤斤计较。在日常生活中,我们每个人都要心胸开阔,不钻牛角尖,要学会宽容,要学会大度,包括宽容伤害过自己的人,因为不宽容别人,受伤害最多的还是自己,不学会大度,影响的是自己的身心,对自身的健康百害而无一益。学会了宽容大度也可减少很多不必要的忧虑。在日常交往中对非原则性问题我们切不要斤斤计较,要做到以德报怨,宽容大度。

自我修炼
——谈青年官兵的内心和谐

印第安人有一句谚语：别走得太快，等一等灵魂。

人类社会的发展，就如一个从高空自由坠落的物体，速度越来越快。

美国学者威尔伯·施拉姆有一个形象的"最后7分钟"比喻。如果人类的历史共有100万年，假设这等于一天，那么这一天中，人类文明的进展是：21时33分，出现了原始语言；23时，出现了正式语言；23时53分，出现了文字；午夜前46秒，近代印刷术发明；午夜前5秒，电视首次公开展出；午夜前3秒，电子计算机、人造卫星问世。

施拉姆说："这一天的前23个小时，人类史几乎全部空白，一切重大的发展都集中在这一天的最后7分钟。"

现在几十年里产生的知识，超过以前所有时期人类知识的总和，而这个时间还在迅速缩短，很快就会变成几年、几个月……如果说施拉姆那最后7分钟是人类文明社会的开始，那我们现在就处在这最后几秒钟，这就是现代。

现代人总是行色匆匆。因为我们被现代绑架了，被它裹挟着飞奔，奔向一个谁也不知道的地方。人生的目的仿佛就是为了赶路，不由自主地赶路。

我们一出生仿佛就上了流水线，从一个程序传到下一个程序。开始上学放学，接着上班下班，然后退职退休退人生。电脑、电话、电视，我们的手不停地敲按各种电器的键子，我们的眼睛不断地扫描奔涌而来的资讯。

最近好吗？还好。接下来差不多每个人都是一个字：忙。说不忙别人看你好像看怪物，你自己都不好意思。我们没时间笑也没时间哭。幽默已经被肤浅的搞笑代替，因为我们没有耐性去回味，去会心一笑。我们还没来得及悲伤，那令我们伤心的事就如点钞机里的钱，瞬间就被翻过去了。

时间和空间被我们大大压缩了。我们体会不到光阴是什么，没有谁还有闲情逸致去看那树影一寸寸移动，也没几个人知道自己最近一次看日出和日落是什么时候。白天和夜晚的转换感觉就如人在眨眼，度日如年，现代人没这感觉，我们都是度年如日。

我住长江头，君住长江尾？一点都不远，坐飞机也就几小时；别说长江的头尾，就是从地球这边到另一边也不过是半天的路程。

现代人发明了比古人多得多的东西为己所用，可我们比他们感觉更幸福么？

现在该是注意我们内心灵魂的时候了。

一、什么是心理和谐

心理和谐是指人们保持一种健康、积极、乐观、向上、包容、理智的心态。心理和谐的人能够与自己、他人和所在群体进行有效沟通，展现出理智性、愉悦性、稳定性的心理特征，较少内心冲突、较少与人冲突。心理和谐体现在三个方面：个体内部心理和谐、人际心理和谐及人事心理和谐。其中，个体内部心理和谐是人际心理和谐、人事心理和谐的基础，一个内部心理不和谐的个体，很难在为人处世中表现出对外诸多和谐。

（一）个体内部心理和谐

个体内部心理和谐主要包括认知、情感、意志等心理过程的和谐，反映的是自我内部的协调一致性。个体内部心理和谐的最大特征是思、言、行基本一致。著名书法家于右任家中有副对联："不思八九，常想一二"，横批："如意"。有人问及他长寿之道，他指着这副对联笑而不语。人生不如意事常八九，应该学会正确面对。古人说得好："非淡泊无以明志，非宁静无以致远"。只有淡泊名利，才能在失败之时不气馁，成功之时不忘形，始终心平气和、心定气顺，愉愉快快做好每件事、过好每一天。和谐，其实就是一种心态。

兜售幸福的老人

很多人到日本旅游，都会去看一看位于北海道的一座废弃车站，不为别的，只因它有一个美好的名字——幸福车站。

1987年，最后一列火车从这里驶过后，这条线路就被废弃。日本政府打算把这个车站拆掉，却遭到了附近居民的强烈反对。政府最终同意了居民的请求，车站得以完整保留，轨道上，还停留着以前行驶过的火车车厢。而这一切，都只是因为这个车站的名字，寓意太过美好。

一个叫野村的老人也是附近的居民之一，他的小卖店以前向来来往往的乘客出售报刊、零食、饮料，勉强维持生计。车站停运后，昔日熙熙攘攘的站台变得冷冷清清。

很多个无人的清晨，野村看着大大的"幸福车站"四个字，耳朵里似乎又响起了火车的轰鸣声，那是多么幸福的声音，如果这幸福一直延续，该多好！他拿起笔，随手在纸上写下祝福的话，然后，长时间地看着这些温暖的句子，那颗孤寂的心慢慢地被幸福填满。他不停地写，然后，把这些纸条拿到站台上和车厢里，将它们紧紧地粘贴在上面。

天长日久，整个幸福车站都贴满了祝福的纸条，风轻轻一吹，这些祝福就此起彼伏地起舞。

附近的居民发现了这个惊喜的变化，他们会在黄昏时分涌到站台上，或在车厢里走一圈，一条条地读那些祝福的话，然后，情不自禁地写下新的祝福贴上去。

到站台上读祝福、写祝福，渐渐成了附近居民生活中不可或缺的一部分。慢慢地，外面的人发现了这个秘密，更多的人涌进来，读祝福、写祝福。后来，各国游客纷至沓来，感受幸福，祈求幸福。

此时的野村依然守着他的小店，不过，店里的东西早已不是传统的食品，而是一张张祝福的卡片，是写有幸福字样的手帕，是编成"幸福"字样的同心结，甚至，还兜售车票，上面的终点站写着"幸福"。

野村越来越老了，头发已经花白，背也佝偻了，可是，他布满皱纹的脸上，始终都带着幸福的微笑，他会愉悦地对每一个顾客说："您一定要幸福！"

很多人被他的微笑和祝福感动，却没有人知道，野村曾经也有一个幸福美满的家，妻贤子孝。然而，一场车祸夺去了妻儿的生命，也夺去了他所有的幸福。他比任何人都渴望幸福，所以，他执意留在幸福车站，向来来往往的人兜售幸福，以此告诫所有的人，最值得珍惜的就是眼前所拥有的一切，紧紧抓住，不要让它溜走。

(二) 人际和谐

人际和谐是人与人交流和相处的默契和融洽，善于主动调节关系，主动和理智地化解人际矛盾。人际和谐不是盲目苟同，随波逐流。孔子《论语·子路》篇云："君子和而不同，小人同而不和。""和而不同"是客观世界的真实反映，它准确地表述了世界的"多样统一"，认为事物总是在千差万别中协调发展，所以在对待人与自然、人与人的关系上，始终把"和谐"作为尺度。比方说，多种植物共生一处，以不同的物种组成"群落"，相互协调而共生共荣，显得生机勃勃。诚如胡锦涛访美期间的演讲中所言："一个音符无法表达出优美的旋律，一种颜色难以描绘出多彩的画卷。"

在分辨"和"与"同"的问题上，晏婴的见解最为独到且深刻。有一次齐侯出猎归来，指着前来接驾的臣子梁丘据对晏婴说："这个梁丘据与我相处得最和谐。"晏婴不以为然地反驳说："他与你只不过相同而已，哪里谈得上和谐？"齐侯很纳闷："和与同还有区别吗？"晏婴说："和，如羹焉。"意思是说像厨师煮肉汤，把各种原料和作料加在一起，施以薪火，过则泄之，不及则济之，才能烹调出淳美大羹之味，他又把和比作音乐，五声六律，刚柔清浊，疾之徐之，抑之扬之，才能奏出和谐动听的乐曲。同则相反，"以水济水，谁能食之？若琴瑟专一，谁能听之？"

(三) 人事心理和谐

人事心理和谐即人在对待和处理事情时的理智、冷静、豁达和乐观，除了对事情结果的欢愉之情适之有度外，尤其表现在善于处理遭遇到的负性生活事件。和谐心理的人能坦然接受自己在社会中所处的位置和承担的角色，正确对待社会发展过程中的公平和正义，特别是正确对待社会不公，能以发展的眼光看待社会中存在的问题，以包容的心态面对新生事物，以积极的姿态紧跟时代步伐；具有良好的社会适应能力，自觉遵守社会的价值准则和行为规范，确立生活目标，形成社会技能，树立和实践正确的荣辱观和是非观，努力推动社会有序发展。

猫和辣椒的故事

20世纪七十年代，流传着毛主席怎样使猫吃辣椒的故事。一天，毛主席向刘少奇和周恩来提了一个问题："你们怎样才能使猫吃辣椒？"

刘少奇首先说："那还不容易，你让人抓住猫，把辣椒塞进猫嘴里，然后用筷子捅下去。"对于这种解决方法，毛主席摆了摆手说："每件事应当自觉自愿的。"

周恩来回答说："我首先让猫饿三天，然后，把辣椒裹在一片肉里，如果猫非常饿的话，它会囫囵吞枣般地全吞下去。"毛主席不赞成这种手法。

那么，毛主席的策略是什么呢？毛主席笑着说："这很容易，你可以把辣椒擦在猫屁股上，当它感到火辣辣的时候，它就会自己去舔掉辣椒，并为能这样做而感到兴奋不已。"

让猫吃辣椒，如果按照常规的做法，包括使用强硬的手段和欺骗的方法，都是行不通的。但是，身为一个管理者，想要服众，就需要用巧妙的办法来解决这种让"猫"吃"辣椒"的难题，确实是需要"花费"一点精力，一份心思的！

在非自愿的情况下，采取强硬的手段来强迫别人来试图达到自己的目的，并不是十分理想的方法和举措。从以上的小故事中可以看到，最佳的方法就是要"猫"自愿做了他不愿意做的事情，更妙地是，会让它"兴奋不已"。这就需要管理者的"智慧"和"策略"了。

二、心理和谐要做到五个正确看待

党的十六届六中全会通过的《中共中央关于构建社会主义和谐社会若干重大问题的决定》指出："注重促进人的心理和谐，引导人们正确对待自己、他人和社会，正确对待困难、挫折和荣誉。"这句话高度概括了评价是否心理和谐的标准。

（一）正确对待自己

每个社会成员对自己的能力都应有正确的估计，既不夸大，也不缩小。每个人既有强人之项，也有弱人之处，自我评估要做到实事求是。心理和谐的人是有自知之明的。那些总在别人面前炫耀自己的业绩，或自以为是的人，其实是心理不和谐的表现之一。一个人之所以能有一点作为，离不开外部机遇，离不开领导或朋友的赏识、推荐、支持。要知道一朵鲜花打扮不出美丽的春天，单枪匹马干不出大作为，只有众人合力才能移山填海。一个再有本事的人，只凭一个人干不出惊天动地的事业来。只有客观地认识自己，才能保持良好的心态。

（二）正确对待他人

人是群体的一员，要想更好地生活、工作和学习，就要与周围的人保持良好的关系。如何与别人搞好关系？一是要善于看到别人身上的长处。孔子说："三人行，必有我师焉。"每个人身上总有闪光的地方，因此，要发现别人的优点，虚心向别人学习。二是要友善待人。当面听到好话谁都高兴，背后听到好话更加高兴，说话要有分寸，非原则的问题尽量不去挑剔。三是要努力成人之美。在社会上，谁都不可能是一座孤岛，一个人要想取得成功，必须学会与别人一道工作。一旦别人遇到了困难，要主动伸手，热情帮忙，大力协助。送人鲜花，手有余香。

人证的故事

在火车上，一个很漂亮的女列车员，盯着一个民工模样的中年人,大声说:"查票!"

中年人浑身上下一阵翻找,终于找到了,票攥在手里。列车员朝他怪怪地笑了笑,说:"这是儿童票。"

中年人憋红了脸,嗫嚅着说:"儿童票不是跟残疾人票价一样吗?"

列车员打量了中年人一番,问道:"你是残疾人?"

"我是残疾人!"

"那你把残疾证给我看看。"

中年人紧张起来,说:"我没有残疾证,买票的时候,售票员就向我要残疾证,我没办法才买的儿童票。"

列车员冷笑了一下:"没有残疾证,怎么能证明你是残疾人啊?"

中年人没有做声,只是轻轻地将鞋子脱下,又将裤腿挽了起来——他只有半个脚掌。

列车员斜眼看了看,说:"我要看的是证件,是残联盖的钢印。"

中年人一副苦瓜脸,解释说:"我没有当地户口,人家不给办理残疾证。而且我是在私人工地干活,出了事之后老板就跑了,我也没钱到医院做评定……"

列车长闻讯赶来,询问情况。

中年人再一次向列车长说明,自己是一个残疾人,买了一张和残疾人票一样价格的票……

列车长也问:"你的残疾证呢?"

中年人说他没有残疾证,接着就让列车长看他的半个脚掌。

列车长连看都没看,他不耐烦地说:"我们只认证不认人,有残疾证就是残疾人,有残疾证才能享受残疾人票的待遇。你赶快补票吧!"

中年人一下就蔫了。他翻遍了全身的口袋和行李,只有几块钱,根本不够补票的。

列车长坚决地说:"那不行。"

中年人对面的一个老同志看不惯了,他站起来盯着列车长的眼睛,说:"你是不是男人?"

列车长不解地说:"这跟我是不是男人有什么关系啊!"

"你就告诉我,你是不是男人!"

"我当然是男人。"

"你用什么证明你是男人呢?"

"把你的男人证拿出来给大家看看!"

周围的人一下笑起来。

列车长愣了愣,说:"我一个大男人在这儿站着,难道还是假的不成?"

老同志摇了摇头说:"我和你们一样,只认证不认人,有男人证就是男人,没男人证就不是男人。"

列车长卡了壳,一时想不出什么话来应对。

那个女列车员站出来替列车长解围,她对老同志说:"我不是男人,你有什么话跟我说好了。"

老同志指着她的鼻子,说:"你根本就不是人!"

列车员一下暴跳如雷,尖声叫道:"你嘴巴干净点!你说,我不是人是什么?!"

老同志一脸平静,狡黠地笑了笑,说:"你是人?那好,把你的人证拿出来看看……"

(三)正确对待社会

有一路人不小心摔了一跤,他不埋怨自己倒霉,却脱口骂一句:"他妈的,干部腐败,修的啥破路!"近年来,听到的发牢骚、发"无名火"的话语太多了。一位著名社会学家感叹道:"人们的生活从来没有像今天这样好过,牢骚怨气也从来没有像今天这样多过。"某市众多群众因集资款矛盾上访闹事,后来发现,其中80%的上访者与集资款毫无关系,反而是这些"无利益冲突者"闹得最凶,甚至向警察掷石块。

对此,人们不禁要问:究竟哪儿出了问题?答案是:人们的心态出了问题,心理不和谐了。那么是什么导致人们心态不和谐、心态失调增多?无非是现代社会生活节奏加快,竞争加剧以及来自社会各方面的压力,各种意外的不尽如人意的事频频发生。从前在吃不饱饭的年代，能在"年三十"吃上一顿饺子就高兴得不得了，如今吃饱喝足了，幸福指数反而下降，痛苦指数却趋升，真把人搞晕了。国际上正在迅速发展的"快乐经济学"也告诉我们，当人们的收入上升到基本需要满足以上层次时，金钱收入就不再是强相关性的快乐影响因子，而公平与尊重、交往与友谊乃至自我实现就变得更加重要。这就是为什么美国、日本人的幸福、快乐感远不及南美洲一些穷国，西方八国集团无一进入幸福感排行榜前50名，太平洋住在草棚中的20万瓦努阿图穷岛民荣登全球幸福指数冠军的原因。

南非前总统曼德拉在被关押了27年之后出狱。宣誓就任总统的典礼上，他邀请了曾经看守他的三名狱警，并向他们致敬。尽管这三名狱警并不曾友好地对待他，甚至还虐待过他。在大家不解的目光中，曼德拉发出了这样的感慨："当我走出囚室，迈过通往自由的监狱大门时，我已经清楚，如果自己不能把悲痛与怨恨留在身后，那么我其实仍在狱中。"这一句感慨，足以让人深思。

人类的苦痛多源于对内心的捆绑，自己倘若不能为心灵松绑，别人也无可奈何。人性本身的弱点，使我们总期望成为别人心目中的重要人物，总期望得到别人的赏识，总期望比别人掌控更多的东西……倘若这一切都达不到，便会为此而懊恼。这说明，我们已陷入心灵的牢狱，给心灵加上了一道人为的紧箍咒，并把咒符的控制权交给了别人。

其实，自己才是自己心灵的主人。在这一点上，曼德拉远比我们许多人站得高、看得远。他透过心灵的迷雾，看到了心灵的本质。看透了社会，看透了人与人之间的关系可能随时颠倒，看透社会上的许多事情并非如期而至，那么，自己的心灵怎还会绷得那样紧？自己的心理怎会与大自然、时空不协调呢？

（四）正确对待困难和挫折

人的一生不可能一帆风顺，总有摔跤、跌倒之时。但有一点要记住，跌倒了要重新站立起来，不能碰到困难、受到挫折就认为一切都完了，悲观失望。心理和谐、心理健康的人能和现实保持良好接触，承认现实，不怨天尤人，能经受顺境和逆境的考验，能沉着应付，勇往直前。相信自己一定会在某个方面找到和实现自己的人生价值的人，才能获得最终的心理满足。

蝴蝶的启示

一天，一只茧上裂开了一个小口，有一个人正好看到这一幕，他一直在观察着，蝴蝶在艰难地将身体从那个小口中一点点地挣扎出来，几个小时过去了……

接下来，蝴蝶似乎没有任何进展了。看样子它似乎已经竭尽全力，不能再前进一步了……

这个人实在看得心疼，决定帮助一下蝴蝶，他拿来一把剪刀，小心翼翼地将茧破开。

蝴蝶很容易地挣脱出来。

但是它的身体很萎缩，身体很小，翅膀紧紧地贴着身体……

他接着观察，期待着在某一时刻，蝴蝶的翅膀会打开并伸展起来，足以支撑它的身体，成为一只健康美丽的蝴蝶……

然而，这一刻始终没有出现！

实际上，这只蝴蝶在余下的时间都极其可怜地带着萎缩的身子和瘪塌的翅膀在爬行，它永远也没能飞起来……

这个好心好意的人并不知道，蝴蝶从茧上的小口挣扎而出，这是上天的安排，要通过这一挤压过程将体液从身体挤压到翅膀，这样它才能在脱茧而出后展翅飞翔……

如果生命中没有障碍，我们就会很脆弱。我们不会像现在那样强健，我们将永远不能飞翔……

（五）正确对待荣誉

大多数人在一生中都程度不同地获得过荣誉。但对待荣誉的态度却不同，心理健康、心理和谐的人把荣誉作为动力，作为继续工作的加油站，并持之以恒，不断取得进步，作出新的贡献，获得新的荣誉。而心理不和谐的人，取得一点成绩，获得一些荣誉，就当做包袱背了起来，故步自封，夜郎自大。

三、保持心理和谐靠自我修养

一是保持进取之心，不断提升自我。青年官兵生长在和平年代和我国经济高速发展时期，顺利和受宠是他们的心理定势，特别是一些独生子女战士缺乏自强意识和吃苦精神，缺乏对挫折的承受能力，面对来自社会、家庭等各方面的压力，面对军旅生活中大大小小的困难，容易产生茫然、焦虑、悲观的情绪，甚至可能产生心理障碍。

二是常怀律己之心，善于把持自我。古人有，或者说，人类从一开始就有畏惧之心。畏天畏地，畏神畏鬼，畏狼虫虎豹，畏因果报应；畏现世，畏来生，畏官府，畏上级，畏黑暗，畏不测……所以，古人在门楣上总会写上两句话：出畏之，入惧之。这些畏惧自然有可取处和不可取处。可取处，是让人自我约束，自觉不做坏事。不可取处，是让人畏首畏尾，不敢解放思想。

到了近现代，人的行为和思想都现代化了，有人认为，皇帝没了，神呀、鬼呀更没有，因果报应是欺世之言，也没有什么现世报来生报了。但我觉得人还是要有所畏惧的。首先你作恶时，就要有畏惮之心，想想后果。因为脑子里一味想着钱，贪欲使人越来越无畏，牛奶里放三聚氰胺、药物胶囊里含有毒元素、食品里放入致癌物质，一切都如同谋财害命。这些人，是真正的有私而无畏者。他们想不到天地鬼神因果报应，想不到下地狱或来生托生成猪狗。唯一可以令他们有所顾忌的应该是法律。

宗教的教育有一点是可取的，就是奖惩分明，优者可上天堂，劣者必然下地狱。我们在教育孩子时，就该把握好这两方面。我觉得只说好话，只是正面教育，多半靠不住；让孩子从小就去参观监牢，让他们知道作恶的代价和后果，一生都远离做坏事。

三是塑造真诚之心，光明磊落处世。真诚是中华民族推崇的做人的基本态度，也是实现人际和谐、心理和谐的必备道德品质。孔子说"人而无信，不知其可也"，王安石认为"人无信不立"，都是强调做人要真诚忠实、光明磊落，要讲信用、守诺言。一个人缺乏真诚之心，做人当面一套、背后一套，搞形式主义、弄虚作假，或许能谋得一时之利，但其心理将套上虚伪、猜疑、嫉妒、不安的枷锁，甚至会形成人格障碍。只有本色为人、真诚待人，才能建立良好的人际关系，赢得他人的尊重和平等相待，也才能求得内心的宁静与坦然。因此，要实现心理和谐，就必须抛开虚伪的面具，塑造真诚守信的品格。做人要忠厚，不要奸诈；要实实在在，不要投机取巧；要诚实地对待自己，真实地表现自己，诚恳地对待他人，始终做到襟怀坦白、表里如一。

四是培育感恩之心，强化积极情感。极少数官兵之所以总觉得别人有负于他，很容易产生抱怨、愤懑的情绪，一个重要原因就是他们的自我意识膨胀，总想着从组织和他人那里得到什么，而很少想自己应该奉献什么。校正这种失衡心态的良方之一，就是培育感恩之心。人是生活在社会关系中的人，是不能脱离社会和他人而独立存在的。一个人只有懂得感恩，才能体察到社会和他人的关爱，才会以仁爱之心去关怀、帮助他人；也才能体验到人生的幸福，更加珍惜和热爱生活中一切美好的事物。我们应该经常想一想父母的养育、组织的培养、领导和战友的帮助，算一算国家和军队在自己身上的投资，找一找军营的"亮点"，反思自己给了他人多少关爱，对家庭、单位和社会尽了多少责任。这样既有利于培养感恩意识和广博的爱心，增强建功军营、回报社会的责任感，激发牺牲奉献精神和助人为乐的情怀，也有利于增强主观幸福感，保持积极乐观的心态。

五是培养豁达之心，学会容人容事。一个人如果缺少气度，斤斤计较，将很难走出牢骚、忧虑、颓丧等不良情绪的阴霾。曾经有位大学同学留给我很深的印象，不是因为她长得多么漂亮，也不是因为她的学习成绩多么出类拔萃，而是因为她的人缘特别好，大家都说与她交往感觉轻松而惬意。我曾仔细观察过，她对待别人特别宽容。有人失手把她的暖瓶打碎了，她笑笑说："没关系。"有人不小心把饭汤洒在她新买的裙子上，她会说："别担心，能洗干净。"甚至有人因为嫉妒她而散布她的谣言传入她的耳朵，她也淡淡一笑，而后一如既往地对待那人。后来那人羞愧地向她道歉，她依然微笑着说："没关系。"我问她为何能做到如此宽容大度，她说："宽容，也是一种给予，给予别人的越多，自己收获的也就越多。"

　　生活中，期望和现实总会存在差距，这就需要我们保持必要的容忍之心，正视和接受现实，积极地改造和利用环境，而不是一味地苛求、抱怨，这才是应有的生活态度。真正的豁达绝不是消极无为，青年官兵都应确立正确、适宜的目标，并为之付出努力。同时，在立功受奖、评选先进、考学晋职等问题上，必须有"得之淡然，失之泰然"的洒脱心态，切不可患得患失、太过计较。要把积极进取的入世意识和适度超脱的出世情怀结合起来，做到既"拿得起"又"放得下"。

快乐工作
——谈青年官兵的人生幸福

据中国健康教育中心针对我国6省市1.3万多名职业人群心理健康状况的调查显示,超过半数的职场人士工作时处于抑郁状态。快节奏的工作与生活状态,让许多人疲于应付,奔波不停,甚至透支着自己的生命,影响着他们与人的交往和生活质量。

为什么社会越进步,科技越发达,物质越丰富,人们却越来越感到焦虑不安呢?一位心理学家的调查为我们找到了答案。这位心理学家到一所在建教堂作现场调查,他问第一位工人:"请问你在做什么?"工人没好气地回答:"你没看到吗?我正在用各种要命的铁锤,来敲碎这些该死的硬石头,害得我的手酸麻不已,这真不是人干的活儿。"心理学家又找到第二位工人提出相同的问题,第二位工人无奈地答道:"为了每天500美元的工资,我才会做这累人的工作。"而第三位工人在回答提问时眼光却闪烁出喜悦的神采:"我正参与兴建这座雄伟华丽的大教堂。落成之后,这里可以容纳许多人做礼拜。虽然敲石头的工作并不轻松,但当我想到将来会有无数人来这儿再次接受上帝的爱,心中便常为这份工作而快乐。"同样的工作,同样的环境,却有如此截然不同的心境和感受,究其原因,就是因为工作者对待工作的心态不同所致。

高尔基曾经说过:"工作快乐,人生便是天堂;工作痛苦,人生便是地狱。"现实中,像前两位工人那样,把工作当成苦役、当成是养家糊口营生手段的大有人在。他们习惯于把工作快乐与否归结于外部因素,找出了种种工作不开心的理由,由此造成工作效率的低下,焦虑感增多。

一、认识幸福

有位哲学家不小心掉进了水里,被救上岸后,他说出的第一句话是:呼吸空气是一件多么幸福的事。空气,我们看不到。但失去了它，我们才发现，不能没有它。后来那位哲学家活了整整100岁。临终前，他微笑着宁静地重复那句话："呼吸是一件幸福的事，接着又说，活着是一件幸福的事。"每个人对幸福都有自己不同的定义。有人认为，丰衣足食、居有定所、生活舒适就是幸福；有人认为，雁过留声、人过留名，身后能为世界留点遗产，在世界留点名声，功成名就就是幸福；有人认为两情相悦，与爱人厮守一生，爱情永恒就是幸福；有人认为，健康平安，无疾而终就是幸福；还有人认为，有权有势，前呼后拥，"小酒天天醉、小步天天舞"就是幸福。所以幸福是因感觉而生的，因人而异的。

不同的时候有不同的幸福。同样一个人，当他饥饿口渴时，他会觉得一块番薯、一口凉水就是幸福，当他吃饱喝足后，山珍海味、玉液琼浆也会成为负担；家庭和睦时，天伦之乐、心情愉悦，一杯浓酒是幸福，家庭纷争时，冤家聚头、心情凄苦，一杯淡酒却是毒汁。

其实，简单就是一种幸福。因为简单，我们可以省去许多麻烦和烦恼，因此简单本身就是幸福。因为简单，我们可以保留一种轻松、平静的心态轻装上阵，快意人生，成就幸福。因为简单，在生命即将重新轮回的时候，我们可以因为没有虚度光阴而最后一次品味幸福。

享受大自然，享受自己的劳动成果，这就是个人的幸福标准。的确，这样的幸福标准可能很低，但却会因此而幸福一生，也可能你觉得这样的幸福标准太安于现状，因而显得庸庸碌碌。把幸福的标准确立在能力所及的范围之内，幸福就会变得唾手可得，使人每天都生活在快乐之中。假设你将幸福的标准确立在汽车、别墅、金钱之上，并为此而费尽心思，奔波劳碌，终究遥不可及，还有幸福可言吗？因此说，幸福的标准要定得低一些。把幸福的标准定得低一点，不是庸碌无为，也不是缺乏进取心，做任何事都应该量力而行。鹰击千里，是因为它练就了搏击的本领，才有宏图大展的志向，设想，如果一只家鹅非要效仿天鹅在蓝天白云之间一展舞姿，结果会是怎么样呢？

曾经有一个富人和一个穷人谈论什么是幸福。穷人说："幸福就是现在。"富人看着穷人的茅舍，破旧的衣着，轻蔑地说："这怎么能叫幸福？我的幸福可是百间豪宅，十名奴仆啊。"时隔不久，一场大火把富人的百间豪宅烧得片甲不留，奴仆们各奔东西，一夜间，富人沦为乞丐。炎热的夏天，汗流浃背的乞丐路过穷人的茅舍，想讨一口水喝。穷人端来一大碗清凉的水，又问他："你现在认为什么是幸福？"乞丐眼巴巴地说："幸福就是此时你手中的这碗水，幸福就是能够尽快凉爽下来，幸福就是马上能够解渴。"

　　平安是福，你可能日出而作，日落而息，整天辛苦奔波，但付出却与收入大相径庭，你可能为此耿耿于怀、闷闷不乐。试想，有多少人再也看不到一天新的阳光，有多少人再也不能在日落之时推开早起亲手关闭的家门时，你会感到疲惫不堪也是一种幸福；你可能在寒风中或是烈日下为了等待孩子在你孩子所在的校门前徘徊了很久，可能为此耽误了朋友的聚会或是一场精彩的足球比赛，你可能感到这就是幸福。

　　我们可能听说过这样一句话：当我为没有鞋子穿而哭泣的时候，我们却发现有人没有脚。所以说，生活在这个世界上不要总是牢骚满腹，不要总是怨天尤人，你可能没有更多的金钱去游览名山大川或出国观光，想一想那些只能透过窗口看世界的人们，你会感到骑上单车奔驰在原野，感受麦苗黄、豆花香、阳光暖其实也是一种幸福！你可能没有更多的金钱去购买宽敞的住房、高档的轿车或名牌的服装，想一想那些整天躺在病床上深受病痛折磨的人们，你会感到身居陋室，感受会心的笑、饭菜的香、团圆的乐那才是一种真正的幸福！

　　能够过自己喜欢过的生活，做自己喜欢做的事，就是真正的幸福。当你可以活着、笑着、哭着、吃着、睡着，真真实实地感受到生命的流动，你的存在就是一种幸福。把幸福的标准定得低一点，享受每天的阳光、每天的健康、每天的平安就是幸福。

二、寻找幸福

生命中的任何一件小事只要你细心品味过，可以说都与幸福有关，因为无论怎样，幸福都只是一种感觉而已。幸福的秘密藏在每一个人的心中。每个人都拥有享受幸福的资源。比如，谦虚、爱心、协作精神、积极心态等都可以在每一个人身上找到，只是有的人没有把这些幸福资源运用好而已。

传说在天堂上的某一天，上帝和天使们召开了一个头脑风暴会议，上帝说："我要人类付出努力之后才能找到幸福。"有一位天使说："把幸福藏在高山上，这样人们肯定很难发现，非得付出很多努力不可。"上帝听了摇摇头。

另一位天使说："把幸福藏在大海深处，人们一定发现不了。"

上帝听了还是摇摇头。

又有一位天使说："我看，还是把幸福的秘密藏在人类的心中比较好，因为人们总是向外去寻找自己的幸福，从来没有人发现在自己身上同样可以挖掘到幸福的秘密。"

上帝对这个答案非常满意。

从此，幸福就藏在每个人的心中。

其实，幸福只是一种内心感受，它取决于你的心态。幸福有时就像在天上飞的风筝一样，虽然有时你看不见它，但线在你手中，它不会飞远，只要你愿意，幸福就会随时围绕着你，直到永远。拥有了一颗快乐的心，你就知道，幸福是无处不在的。

歌德夫人说过："我之所以高兴，是因为我心中的明灯没有熄灭。道路虽然艰难，但我却不停地求索我生命中细小的幸福。如果门太矮，我会弯下腰，如果我可以挪开前进路上的绊脚石，我就会去动手挪开，如果石头太重，我可以换一条路走。我在每天的生活中都可以找到高兴的事情。信仰使我能够以一种快乐的心态面对事情。"

一个人拥有幸福才会活得惬意，没有幸福的人生是枯燥乏味的人生。一个人能不能幸福，完全取决于对待生活的态度，取决于自己的选择。每个人都有选择幸福的权利，所以，我们完全可以让自己幸福起来。

幸福与否完全靠的是一种心态，只要我们保持快乐的心态，我们的生活就会变得多姿多彩，轻松惬意。事实上，在生活中我们遇到困难和不如意都是难免的，关键是我们如何用良好的心态来克服困难和对待不如意。

有位老妇人，晴天唉声叹气，过路人问她原因，她说，大女儿卖雨伞，天晴怕卖不出去；下雨天，老妇人还在唉声叹气，她说，二女儿卖风筝，雨天生意不好。过路人说，你应该高兴才是，你如果反过来想，雨天大女儿生意好，晴天二女儿生意好，那么你就会天天快乐。老妇人听了过路人的话，从此果然天天快乐了。

换一种思维，选择积极的人生态度，生活的快乐与否，完全取决于一个人对人、事、物的看法如何。人的思想观念会影响生活，一个人的幸福并不在于他从事什么职业，而在于他是否从这份职业中找到了真正的快乐，一份来自灵魂深处的快乐。同样的事，以不同的态度去对待，会有不同的结果。原因就是心态不同，看问题的角度不同。

每个人都可以通过改变思想去改变自己的情绪和行为，从而改变自己的人生。我们每天遇到的事物都包含成功快乐的因素，取舍全由个人决定。因为所有事情和经验里面，正面、负面的意义同时存在，是否把事情和经验转化为绊脚石，由你自己决定。

人的生命里时常会有失去阳光的日子，就像种子被埋在土里一样，埋得很深的种子，从发芽到出土要面临诸多的艰难，但它们仍执着地向上生长，因为它们知道，阳光就在自己的头顶。即使我们不能改变现实，但可以改变心情，美丽的生活是需要用心去发现的，换个角度生活，选择积极，选择乐观，勇往直前，以微笑面对生命中的任何挫折或不公。不拘泥于过去的是非得失，相信会有意想不到的收获，迎面而来的将是一片灿烂和希望。

三、享受工作的快乐

巴菲特是家喻户晓的投资大师、世界富豪和慈善家。鲜为人知的是，他不仅投资财富，更投资身心健康，学会在工作中享受快乐，从而获得健康，虽已80高龄，但精力充沛、思维敏捷。巴菲特已过80岁大寿，他不但不言退休，还告诉世人："我打算工作到超过100岁。"

从16岁起，巴菲特就懂得要注意身心健康。他常讲一个故事，说是神仙送给了他一辆车，但有一个条件是要用上一辈子。他说，如果真的能够得到这辆车，我就会像照顾婴儿一样细心照顾这辆车。因为人只有一颗心、一个身体，如果好好对待自己的身心，就能用上一辈子。但是如果不好好照料自己，几十年后身心就会成为破铜烂铁千疮百孔，就像一辆开了40年却没有好好保养的老爷车一样。正是这样的人生态度决定了他对身心健康的高度重视。巴菲特喜欢与富有情感的人在一起工作和生活。他认为，工作时寻找合作伙伴要找你喜欢的人，才能让你更快乐。投资时寻找你喜欢的管理人，才会让你投资业绩更好。在他看来，与自己并不喜欢的人一起工作，就像"为了钱和你不爱的人结婚"一样绝对是要发疯的。巴菲特的日常工作就是阅读，在阅读中他不仅获得知识，更得到好心情。巴菲特从早到晚要看很多报纸杂志，要阅读美国5000家公司过去几十年甚至上百年的年报，要阅读很多商业投资书籍；他善于阅读所注意的公司的年度报告，也阅读它的竞争对手的年度报告。巴菲特还特别钟情于读传记，他不但不厌烦，反而乐在其中。

巴菲特总是把工作当休闲，把做事当娱乐，始终保持愉悦的心情和乐观的心态。他说："每天早上去办公室，我感觉我正要去教堂画壁画！"他还说："投资对于我来说，既是一种运动，也是一种娱乐。"他喜欢通过寻找好的猎物来"捕获稀有的快速移动的大象"。生活中，他还时常会说出一些令人捧腹的笑话，活跃一下气氛，使工作始终处于快乐之中。

因为做自己喜欢的事，越做越快乐；因为与喜欢的人共事，越做越开心；因为把工作当休闲，越工作越兴奋；因为关心慈善事业，越做越有爱心。正因为把工作当享受，善于享受工作带来的快乐，巴菲特的脸上才会常常洋溢着欢乐，保持身心的健康。

可见，只有具有高度责任感和创造力，才能充分享受工作的乐趣，同时，因为努力工作也会带来相应的荣誉和物质回报。被马克思誉为"古希腊百科全书"的德谟克利特在他的"快乐原则"中说到"一个人不要发愁他所没有的东西，而应享受他所拥有的东西"。拥有工作，不仅解决了生计问题，更让我们的才能有了发挥的舞台；快乐工作不但提高了我们的工作效率，更使我们担负起更多的社会责任和使命。

有位哲人曾经说过："人生的乐趣隐藏在工作中，如果充满热情地工作，就能享受到更快乐的人生。"我们作为当代革命军人，不但要努力工作，而且要以积极的心态来对待工作，热爱工作，全身心地投入工作，在工作中寻找快乐，把工作当使命来完成，不断发掘自己特有的潜力，从而享受工作的乐趣。

解性释惑
——谈青年官兵的性心理健康

军队是以青年为主的群体,处于青年期的军人生理上已经发育成熟,已经有了性意识和性要求,已经能够体验到强烈的性冲动。部队开展青春期性心理健康教育相对较少,许多青年官兵存在着种种性困惑,影响着他们的心理状态和身心健康。比如,有的官兵不知如何缓解自己的性冲动,有的为自己的自慰行为而羞愧,还有因恋物达到性高潮而苦恼……其实,对于青年官兵来说,只要了解了正常的性心理知识,就可以解除许多性困惑;只要有健康的性行为、性观念,就可以缓释放许多性焦虑、性冲动。

一、正确认识性心理

(一)性心理与性心理健康

性心理是指与性欲、性行为有关的心理状态与心理过程,也包括了与异性交往和婚恋等心理状态。性生理是性心理发展的生物学基础,性生理发育的障碍或缺陷,会使性心理的发展出现偏差。

世界卫生组织对性心理健康所下的定义是:通过丰富和完善人格、人际交往和爱情方式,达到性行为在肉体、感情、理智和社会诸方面的圆满和协调。性心理健康是人类健康不容忽视的重要组成部分,正越来越受到人们的重视。

(二)青春期性心理发展阶段

心理学研究表明,青春期性心理发展会经历三个阶段:

(1)异性疏远期。常言道"青梅竹马,两小无猜",说的是幼童天真无邪,亲密无间。在青春期开始时,少男少女对性的差别特别敏感。第二性征的出现,在他们内心深处产生了春情萌动的朦胧感觉,把异性的秘密和男女之间的关系也看得很神秘。这就使得他们在与异性的接触或交往中往往会产生一种羞涩、扭捏或不自然的感觉,并在传统思想的影响下,深虑与异性的接触会引起别人的耻笑或议论,因而出现了"心有相互吸引之力,而行又互相疏远"的现象。如走路不同行、学习不同桌、开会各一边、活动各结伴等等。

这些现象与性爱无关,是一种好奇与无知并存的现象。

(2)异性接近期。在完全进入青春期之后,随着生理机能的进一步发展,生活阅历的日趋增加,青少年对异性之间的关系有了进一步的理解和认识,对性意识的情感体验也开始有了新的变化,异性间羞涩心理较之前期大大减少,他们已不满足于对异性那种朦胧的、隐蔽的、泛泛的好感和爱慕,而是希望通过与异性交往,有选择地寻找自己倾心的"白马王子"或"白雪公主"。在这种心态的作用下,青少年男女结束了"异性疏远期",取而代之的是异性间的相互吸引显著增强,乐意与异性一起参加活动,喜欢与异性相处,力求成为异性青睐的偶像。

(3)异性爱恋期。进入青春中、后期之后,随着年龄的增长,生理机能的进一步发展与完善,知识面的日益增加,生活视野的日趋扩大,个性发展的不断成熟,人对性爱意识的理解和认识越来越全面深刻,对异性之间的关系也有了正确的态度,开始各自扮演社会赋予每种性别的特定角色。男青年往往喜欢显露自己的才华来博得所追求女性的欢心,同时在异性面前尽情表现自己的长处。女青年则在外表上学会打扮自己,以吸引异性注意,在性格上变得腼腆、矜持,学会深藏自己的感情。一旦一对青年男女建立了爱情关系,爱情力量会对他们各自的性格、兴趣、爱好等个性心理特征产生巨大影响,并成为激励他们前进的巨大力量。

(三)青春期性心理表现

随着青春期性生理的逐渐成熟,青年阶段的性心理活动内容变得丰富多样。每个青年官兵对此应有一个正确的认识,这是性心理健康的前提。青春期性心理的发展,导致青年在行为上有以下几种表现:

(1)渴求性知识。由于性成熟而对性知识、生育现象有了探求的欲望和浓厚的兴趣,这是青年性心理发展的正常表现。但是,部分青年受封建意识的影响,把这种现象看成是羞耻、下流的行为,甚至怀着一种"罪恶感",秘密地探求性知识,这就有可能得到一些非科学的、不健康的性知识,甚至被坏人所利用,走上犯罪的道路。因此,应加强对青年士兵的性教育,引导他们学习科学的性知识,培养健康的性心理和性道德,改变性无知和性愚昧状态,破除性神秘和性好奇观念,为其得到甜蜜的爱情和幸福的生活打下良好的基础。

(2)对异性爱慕。歌德曾经说过:"青年男子哪个不善钟情?妙龄少女谁个不善怀春?"青年男女彼此向往、相互爱慕,是青年性心理发展的一个重要表现,而且,爱慕异性是青年恋爱成功与婚姻美满的性心理基础。青年人到了一定的年龄,就会产生与异性交往的要求,包括喜欢接近异性,了解异性,愿意同异性交流思想,交换看法,乐意和异性建立和增进友谊等等。这种要求当然因人而异,有的强烈一点,有的微弱一点;有的显露一点,有的隐蔽一点;有的能自我克制,有的则放荡不羁。一般来说,男女青年对异性追求的情感特点有所不同。男青年对爱情往往表现得外露、热烈,显得热情奔放,但较为粗犷。女青年对异性的爱慕情感往往含蓄、深沉,表现为娇媚、自尊,而略显羞涩、被动。

(3)性欲望、性冲动与性行为。随着性成熟和性心理的发展,青年不可避免地出现不同程度的性欲望和性冲动,这是正常的生理现象。性欲望和性冲动的个体差异较大,而且男女也有差异。一般来说,男性产生得比较快,女性产生得比较慢。男性易被视觉刺激引起性欲望,女性易被触觉刺激引起性冲动。

(4)自慰行为的普遍性。自慰行为是指在没有异性参与时所进行的满足性欲的活动。青年中常见的自慰行为有以下三种形式:

手淫。手淫是用手或工具刺激生殖器官而获得性快感的一种行为。对男性来说,它伴随着精液的排泄;对女性来说,它使体内呈现性的"缓解"状态。手淫是青少年和未婚成人最普遍的自慰现象。美国、波兰、前苏联等国学者的调查表明，在性成熟期间，有93%～96%的健康男性有手淫行为。我国缺乏这方面的系统统计，但一些专家认为，我国青少年中至少有一半人有过手淫行为。手淫算不上疾病，也不属于道德败坏。在青少年迅速成熟后，性冲动难以抑制但又没有合法的满足途径时，手淫虽不是一种完美的性满足方式，却无害于他人，于己也是一种自我心理慰藉，在一定程度上具有宣泄能量、缓解性紧张、保持身心平衡、避免性犯罪和不轨行为的作用。因此适当的、有节制的手淫对身体是无害的。

性梦。性梦是指在睡梦中发生性行为。这也是青春期性成熟后出现的正常的心理、生理现象，在青年中普遍存在。一般来说，男性的性梦常伴有射精，即梦遗。梦中情人多为不认识或仅仅见过面的女性，却很少梦见自己所爱的人，梦中的情景总有几分奇幻、几分恍惚，非普通语言能形容。醒后往往回忆不起梦境的全部细节。对于成熟而未婚的男性来说，性梦是缓解性欲冲动的途径之一，一般多则每周一次，少则每半月或每月一次。但许多例子表明，在婚前求爱期里，性梦特别多，有时甚至一夜三次入梦，大抵白天有拥抱、接吻一类的行为，晚上便有性爱的梦境。许多研究发现，性梦的发生与睡眠的姿势以及膀胱中积尿的数量没有显著的关系，而与睡前身体上的刺激、心理上的兴奋和情绪上的激发有关，主要和精囊中精液的充积量有关。女性的性梦与男性相比有较大的差异。未婚女性的性梦往往错落零乱，变化无常，很难有清晰的性梦；即使已婚的女性，能做真正的、清晰的性梦，并伴有阴道粘液的分泌，也不能起到泄欲的作用。女性在醒后能够回忆起梦境的内容。

性幻想。性幻想是指在某种特定因素诱导下，自编、自导、自演与性交往内容有关的心理活动过程。性幻想是性冲动的发泄形式之一，是青年自慰行为中的一种重要表现，属于青年性成熟的正常现象。青年由于性成熟，对异性的爱慕十分强烈，但又无法与异性发生性行为，这样便把自己曾在文艺作品中看到的、听到的两性性爱镜头经过大脑的重新组合、加工编成由自己表演的性过程。性幻想可以导致生理上的性兴奋，偶尔也出现性高潮，男性有时还伴有手淫出现。性幻想在入睡前及睡醒后卧床的那段时间，以及在闲暇时出现较多。但如果过分沉溺于其中，可能会成为一种性异常，即"白日梦"，给身心健康带来不良影响。

二、培养健康的性道德观念

（一）端正与异性交往的动机

部队基本上是一个男性世界，尤其在连队，大多是"清一色"的小伙子，当突然接触到异性时就会出现性感强烈的现象。如果没有纯洁的交往动机和高尚的道德约束，就容易想入非非，以致越出道德和纪律的界限。作为士兵，服役期间一般不宜谈恋爱结婚，不准在驻地找对象。因此，士兵与驻地周围的异性接触，必须在部队规定制约下理智地考虑问题，在进行必要的交往时，应该有领导有组织地进行，防止单独交往，私自乱拉关系，更不要把正常的交往掺进非理智的性爱因素。

（二）用理智控制性冲动的"闸门"

青年士兵大多进入了性成熟期，逐渐对异性感兴趣，容易发生性冲动，这是正常的生理现象。但是，不能因此放任自流、不加抑制。要培养健康的性意识和理智感，坚持用道德规范和道德意志的力量来约束抑制自己的感情。要懂得性爱不只是个人的感情问题，而且是一个同社会责任、社会道德紧密相关的社会问题，在性爱上走错路，不仅伤害他人，影响个人成长进步和部队建设，还会给社会带来危害。要学习一些性科学知识，对性爱树立严肃态度，减少盲目无知行为。要增强道德修养，分清爱情与色情、高尚和庸俗的界限，尊重我国的国情民风，树立对社会、他人和自己负责的精神，防止在与异性交往中发生轻率和越轨行为。

（三）遵守性爱的社会道德准则

青年士兵在找对象或结婚以后，都要在男女性爱上讲究社会道德。首先是专一性。革命前辈邓颖超同志说过："男女的爱情，应该讲究忠实坚贞，应该是双方互信互守的专一，只有专一的爱情，才能巩固婚姻，获得幸福和愉快的生活。"恩格斯说："爱情在本质上是排他性的。"这都说明，专一性是性爱的重要道德准则。所以一个人不应该同时把性爱的感情倾注于两个以上的异性，也不应该接受两个以上异性的爱，否则是不道德的。其次是诚实性。这是性爱的基石。俗话讲欺骗不成夫妻。性爱本身是情感、心灵撞击的火花，来不得半点虚伪和欺骗，任何欺骗的性爱，都如"镜中看花，水中望月"，是经不住风吹浪打的，都只能带来苦果，酿成悲剧。再次是非占有性。性爱的双方都是平等的，谁也不能占有谁，谁也不属于谁。不能有自私、猜疑、嫉妒的心理倾向，不应该限制性爱对象正常的社会交往和人身自由。

三、树立健康性心理的主要途径

（一）积极面对，自我调适

古人云：授之以鱼不如授之以渔。青年士兵已经走向成熟，自我意识已基本建立，对于大家来说，最重要的教育是自我教育。青年战士要主动了解性心理学的基本常识，积极面对自身存在的性心理问题，自觉地进行自我调节和心理转化。在很多情况下性心理问题是由于承受不了生活中的负性事件导致心理失衡造成的，认识到这一点之后，遇事就能够放宽胸怀。

（二）培养良好的个性心理品质

遇到挫折时，不抛弃、不放弃，学会用伟人、名家克服困难取得成功的不平凡事迹激励自己，培养健全的人格和良好的个性心理品质，使自己内心世界丰富、精神生活充实、各种潜能得以充分发挥，真正体现人生价值。

（三）保持积极乐观的态度

有诗云："应知天地宽，何处无风云？应知山水远，到处有不平。"人生道路是不平坦的，对此应有一个乐观的态度，只有面对现实，才能在挫折面前思想开朗，心情坦然，镇定自若。

第一，情绪健康，关系和谐。稳定而良好的情绪状态，使人心情开朗，轻松安定，精力充沛，对生活充满乐趣和信心。相反，一个人情绪波动不稳，患得患失，喜怒无常，处于不良情绪状态中，而自己又不会调节和控制，就会导致心理失衡和心理危机。要保持健康的情绪，首先应学会合理发泄，找到充分表达自己情绪的方法，既不要压抑自己，也不要放纵自己；其次，对于消极情绪，要学会自我疏导、自我排遣。长期压抑情绪是有害于心理健康的。同时，建立和谐的人际关系，可以增加自信和理解，减少心理上的不适感，实现心理平衡。主动去关心他人、理解他人，可以促使自己拥有博大的胸怀，从而大大增加自己在生活、学习、训练、工作中的信心和力量，最大限度地减少心理应激和心理危机。但是，也应该认识到，现实生活中的每个人都不是完美无缺的，在个性、行为习惯、价值观念和情绪状态等各个方面都会有各自的优点和不足。因此，对他人要有一种宽容的态度，不要期望过高，对他人期望过高，会产生失望感，其结果是使自己的心理平衡受到干扰。

第二，培养兴趣，陶冶情操。部队要广泛开展健康向上的文体活动，让青年战士在愉悦的氛围中学会心灵自我净化、心胸自我扩容、心理自我解脱、心情自我调节。积极开展读书演讲、知识竞赛、书评影评和体育竞技等活动，充实青年士兵精神生活；有计划地组织外出郊游、共建联谊、参观学习等，让青年官兵在丰富的文化活动中拓宽视野、陶冶情操；培养大家特别是有心理障碍的士兵的兴趣爱好，组织群体性娱乐活动，转移他们的注意力，使其思想自动解压；成立文艺创作、美术、摄影、音乐、集邮等兴趣小组，聘请军内外艺术家定期为士兵举办专题讲座，提高士兵生活品位，充实士兵生活空间。

第三，健全机制，及时疏导。普及心理健康教育，有计划有组织地开展个性心理品质教育和心理调适能力培养活动，做到"经常教育安排内容、敏感时期重点研究、特殊情况认真对待、个别人员单个帮教"，不断丰富士兵性心理卫生知识，强化士兵对生活环境的适应能力。心理咨询要遵循"聆听、保密、疏导、交友"原则，建立相互信任关系，使得双方的情感与心理方面得以充分交流，达到心理转化的效果。邀请专家学者定期为大家进行性心理健康知识讲座,开展系列咨询服务活动,解答官兵心中疑虑,减少心理矛盾和冲突。对有心理压力的官兵工作上多帮助、生活上多照顾、进步上多关心、情感上多交流、思想上多沟通,努力营造"互帮、互爱、互让"的良好氛围,让他们在心理上有所依靠,切实感受到部队大家庭的温暖,对未来生活充满信心和希望。

四、性困惑释疑

(一)遗精对身体是否有害

所谓遗精,就是男性在无性交、无手淫的情况下出现的射精现象。遗精大都在梦境中发生,所以又叫梦遗。

男孩子十二三岁就开始进入青春期,这时雄性激素分泌逐渐旺盛,性心理也随之不断发展。从青春期到结婚年龄,是个漫长的时期。在此期间,生殖系统和性功能日趋成熟,睾丸不断生成精子,前列腺和精囊不断分泌精浆,精子和精浆汇合起来就是精液。精子和精浆是随着人体的新陈代谢不断产生和不断分泌的,过一段时间精液就会出现盈满现象。因此,80%以上的男青年一旦达到精液盈满程度,就会在性梦中排出体外,发生遗精。这是正常的生理现象。

部分青年官兵对遗精的知识了解较少,受传统的观念"一滴精,十滴血"说法的影响,把精液看得十分宝贵,以为精液流失,就会肾亏阴虚,大伤元气,甚至会影响未来夫妻之间的性生活和生育功能等等。医学化验证明,精液里除了精子、蛋白质、脂肪外,大部分都是水。精子每天成千上万地不断生成,每月两三次的遗精,对身体都是无害的。

前面提到,大约80%的男青年有遗精现象,那么另外20%的人又为什么不遗精呢?有些年轻人为此很是忧虑,担心自己的生殖系统有什么毛病,担心自己的性功能不强等。其实,这种担心也是完全不必要的。因为只要是个健康的男子,精液的生成都是没有问题的。不遗精的原因在于他们的精液不是在盈满之时一次排出,而是不断缓慢地流进了尿道里,又随小便一起排出了体外,所以根本不必为此产生忧虑。

如果遗精过频,一夜数次,或者只要有性冲动甚至无性冲动精液也流出来,就是不正常了。造成不正常遗精的原因主要有三种:一是局部刺激引起,如外生殖器疾病、包茎或包皮过长、尿道炎、前列腺炎等都会造成局部刺激,引起遗精;内裤过紧、磨擦等局部刺激也会导致遗精。二是由于身体虚弱、劳累过度等原因造成全身各器官功能失调,也易引起遗精。三是由于思想过于集中在性的问题上,如与女性接触过密,受到色情影视、文学作品的刺激等,使性中枢过度疲劳,对下属机构的控制能力失调,一有性冲动就遗精。遗精次数过多,会扰乱睡眠,引起心理紧张和焦虑而造成心理压力,久之可能导致神经衰弱,出现失眠、头痛、无精打采、脾胃失调、浑身无力等症状。

(二) 怎样解除自慰带来的烦恼

调查表明,男性大部分人都曾有过自慰的行为,但他们在成人期的社会适应、智能发展、职业成就等方面的表现都是正常的,身体机能也是正常的。因此,有过自慰经历的青年官兵不必为今后的发展担心。还有的人认为,自慰会导致神经衰弱,从而破坏正常的生活、工作和学习。事实上,自慰不会导致神经衰弱。对手淫的不恰当认识以及由此产生的羞愧、恐惧和焦虑,才是出现神经衰弱、影响精神状态的根本原因。

对待自慰的正确态度是:顺其自然,既不为追求快乐而刻意为之,也不要因恐惧、焦虑而强行压抑。为解除手淫行为带来的心理困扰,还可从以下方面做起:

1. 志存高远。树立远大的理想和正确的人生观,使自己的注意力从色情方面转移到学习、工作和事业奋斗方面来。这对戒除频繁自慰的习惯来说,无疑是釜底抽薪之举。

2. 培养兴趣爱好。培养正当的业余兴趣爱好,积极参加各种文体活动,可使自己多余的精力得到正常的宣泄,同时在活动中获得乐趣,长此以往就能冲淡自慰的冲动。

3. 杜绝刺激条件。做到不看淫书淫画和色情影视,避免性挑逗;不穿紧身裤,被子不宜过重、过厚,睡时不俯卧,以减少对性器官的局部刺激；经常用温水清洗性器官，以避免因局部炎症等病变的刺激导致性器官充血而诱发性冲动；按时就寝、起床，避免躺在床上胡思乱想，有自慰欲念时立即转移环境，分散注意力。

（三）婚前性行为有哪些危害

首先，婚前性行为及其产生的后果不受法律的保护；其次，一时性冲动的满足会留下长期隐痛，包括由于破坏了道德、伦理、法律和社会规范而产生的罪恶感，对舆论压力担惊受怕而产生的心理负担等；第三，由于婚前性行为，大多是在急迫和紧张的状态下进行的，可能会影响婚后性生活的和谐；第四，因为绝对安全可靠的避孕手段是不存在的，所以婚前性行为最大的危害莫过于未婚先孕。一旦发生，双方特别是女方会产生巨大的心理压力，羞愧、紧张、自责、焦虑、无地自容又无计可施。由于这种性关系及其后果不受法律的保护，只得堕胎，又平添一层肉体上的痛苦。

热恋中的青年怎样才能控制性冲动，避免发生性行为呢？①提高自制力。人与动物不同，人的情爱和性行为受高级中枢神经的控制，思想道德、社会意识使人懂得应该控制自己的性冲动，而不能本能地随意发泄。性爱绝不是也不可能成为不可遏止的支配人的力量。②转移自己的注意力。当一方有性的要求时，另一方应立刻提出干一些具体的工作，以转移其注意力。③避免性刺激。热恋中的青年应尽量不去看有刺激性欲内容的书刊、电影、录像等，尤其不看淫秽读物。

（四）青年官兵如何把握与异性交往的尺度

一是不必过分拘谨。消除不自然感，太多的做作反倒使友谊失去了纯洁性。二是不应过分随便。毕竟男女有别，交往要本着自尊自重的原则，有些话只能在同性之间说，有些玩笑不能在异性面前开，力求避免轻佻亲昵的举止。三是不宜过分冷淡。交往中理智地把握感情固然必要，但过分冷淡会伤害朋友的自尊心，也会使人觉得你骄傲无礼，不可接近。四是不可过分卖弄。炫耀自己本身就是一种肤浅的表现，夸夸其谈也许能引起异性一时的好感，但天长日久则必然会令人轻视和厌倦。五是不应过分严肃。青年人的优势就在于朝气蓬勃，故作深沉、老气横秋只会令人感到可笑。六是不要违反习俗。异性间交往的方式也要适合当前的社会风气，要有意识地减少单独相处的时间，避免给双方造成舆论压力和引起其他一些不必要的麻烦。

幸福港湾
——谈青年官兵的婚恋与家庭

基层官兵大多处在青年期,正是恋爱与婚姻的重要关头。近期,某部一名士官因失恋,不能正确看待婚恋问题而轻生自杀,令人痛惜。能否恰当地处理婚恋问题,不仅关系到个人幸福,也影响到军心的稳定和部队的建设。然而,由于特殊的社会角色,决定了军人在婚恋问题上因"迢迢银河"而无法"花前月下、如漆似胶",不得不作出个人感情上的牺牲,心理的矛盾和冲突时有发生。因此,需要加强对军人婚恋心理的引导。

一、军人婚恋的特点

(一)军人选择恋爱对象具有限时性和地域性特点

无论是我军还是外军,基本上都是男性世界,而且团体活动多,与女青年接触的机会很少。不管是在驻地还是在家乡谈恋爱,都必须严格遵守部队的规章制度,如请假外出要及时归队、探亲休假要随时准备回营等等,这样就使本来就少的恋爱时间更加少,也更加珍贵了。要在这种短暂的时间内对彼此有更深的了解是不可能的,这一特点也是引发军人婚恋矛盾的一个重要因素。

(二)婚恋双方长期处于两地状态,具有分居性特点

军人为保卫祖国,离开家乡,告别亲人,经常是与自己的爱侣天各一方。绝大多数军人在恋爱时期难以像地方青年一样,有足够的时间和机会与恋人卿卿我我。待到爱情成熟,一旦与恋人缔结婚姻关系后,大多数军人随即又开始了"牛郎织女"式两地分居的夫妻生活。通常情况下,这样的分居生活要持续三至五年甚至更长时间。长期以来,军人与配偶每年也只有一两次短暂的相聚,好比牛郎织女鹊桥会。即使军人配偶随军后,因部队的频繁调动,夫妻分居的情况仍将反复出现。

（三）婚恋生活受到军队严格纪律法规的约束，具有纪律性特点

服从命令是军人的天职。这种要求也必然反映到军人婚恋生活之中。军队严格的政治纪律、组织纪律对军人婚恋生活的约束，表现在许多方面。如，组织上要对军人的结婚对象进行调查了解，要求军人必须严肃对待婚恋问题，不能因婚恋问题而影响工作和训练，不能以婚恋方面的困难为由拒绝工作安排和调遣，即便在探亲和配偶短暂的相聚期间都必须随时准备归队等。

（四）在婚姻家庭中女方承担较多的责任和家务

由于长期的两地分居，使家庭生活的重担几乎全压在女方肩上。军人的妻子既要从事本职工作，又要担负起养老抚幼、料理家务的重任；既要支持军人在部队建功立业，又要克服生活上的种种困难。

（五）军人的婚恋受到社会的尊重和法律的特别保护，具有高尚性特点

由于军人职业的特殊要求，他们的婚恋比普通人的婚恋更多地要求有牺牲和奉献精神。军人和他们的配偶为了国家和人民的利益而做出的种种牺牲与奉献，受到了人们的普遍赞扬和尊重，得到了社会的普遍认可。广大人民群众总是把军人的婚恋视为一种纯洁美好而崇高的婚恋。针对军人婚姻的特殊性，国家专门通过立法手段对军婚加以特别保护。

鉴于上述几个特点，做好军人恋爱问题的心理调适，重点是抓好两个问题。

第一，树立正确的恋爱观。一是树立正确的择偶标准，即要把爱情作为择偶的重要标准或主要因素。由于种种条件的制约，目前还不能作为唯一标准。二是把"理解"作为军人择偶的基础，即对方能理解军人。这种理解与一般恋人间的理解有所不同，恋人要理解军人的特殊职业，理解军人的使命，理解军人做出的牺牲。三是具体择偶标准要适当，军人应根据社会发展调整自己的标准，既不能随意降低标准，以免造成婚姻不幸；也不能随意拔高择偶标准，这样难免在恋爱上吃败仗，最后造成高不

成、低不就。

第二，防止"首因效应"的消极影响。实践证明，在恋人交往中第一印象对于判断、评价人有很大作用。所谓"一见钟情"就是源于此理。怎样才能防止和克服"第一印象"失真呢？一是当事人自己要建立具体的择偶标准，对"心中的对方"各方面有一个大致的框架。二是力求全面了解，不要急于求成。三是领导要多为青年军人创造交往的机会。

二、军人婚恋常见问题及调适

（一）单恋

单恋，又叫单相思，是指一方对另一方的以一厢情愿的倾慕与热爱为特点的畸形爱情。单恋的实质是一种"爱情错觉"。

单恋形成的原因一般有：①爱情错觉。即男女间正常的交往时错把同志、朋友式的关怀和友谊理解为爱情，自己想入非非，陶醉于遐想的"爱情"中。例如，对方一个眼神、一点微笑、一句模棱两可的话语，在第三者看来微不足道，但在当事人看来，似乎却暗示着什么。造成单相思。②理想模式。每个青年男女的心中都有自己的"白雪公主"或"白马王子"，一旦在生活中遇到一位在容貌、才华、气质、风度上都与自己心中的理想模式吻合的人，就会产生难以抑制的爱情之火，这种爱在没引起对方的感情共鸣时就形成了单相思。单相思的对象有的是战友、同窗，有的是邂逅的新朋友，有的只是一面之交，也有的是影视明星或小说中的男女主人公。由于部队官兵接触异性的机会少，更容易因感情过敏而发生单相思。

在单相思状态下，人们心情烦躁，情绪低落，敏感多疑，注意力下降，学习、工作效率低，失眠厌食，严重的造成忧郁症。那么如何从单恋中解脱出来呢？

第一，力求冷静，用理性去对待。学会准确地观察和分析对方表情，用心明辨；要视其反复性，某种信息的经常出现可能意义很深，而单单一两次就不足为凭了；要学会用联系的观点去分析问题，把某种信息和其他因素结合起来考虑。如有个异性对你进行帮助,如果这位异性是副热心肠,对谁都乐于帮助,那么你大可不必胡思乱想;而如果他(她)是单对你网开一面,那就值得注意了。通过这些理性的分析后,如果对方确实不爱你,那你一味追求又有什么意义呢?

第二,改变生活目标,转移感情注意力。一旦发现所追求的对象根本对自己没有爱的意思,就应该及时地改变生活目标,转移感情注意力。最好把主要精力放在学习、训练和部队建设事业上,待心理恢复平稳后,再在更高的境界上考虑择偶。事实证明,这种方法的好处是,在个人恋爱方面的目标受挫时,以另一种可能成功的活动来代替,可以获得成功的心理快慰。

第三,拿出勇气,大胆追求。当你经过理性分析,确认对方爱你后,可先投石问路,如果对方确实有意,你大可不必羞羞答答,而要拿出十足的勇气,勇敢地用心灵去撞击,单恋则转化为"双恋",爱的快乐就取代了爱的痛苦。

应该注意的是,当你陷入单相思的漩涡而不能自拔时,千万不能把受困的情感拼命压在心底,否则即使能暂时求得心理平稳,但时间长了也会引起恶性心理病态,如精神分裂症;也不能自暴自弃,破罐子破摔,或者企图通过外部冲突的形式来解决问题,那样做导致的后果是不堪设想的。

第四,疯狂的爱。处于热恋中的情人,相逢时激情亢奋,离别时依依难舍,等待时焦躁不安;当恋爱遇到了波折,出现情绪低落、伤心痛苦,这些反应都是正常的,是恋爱中常有、正常的情绪反应。但是,如果情绪反应过于强烈,言行过激,不仅会毁灭恋情,而且有可能违反纪律或触犯法律。

(二) 失恋

恋爱成功得到的是喜悦,恋爱失败留下的则是折磨。因为失恋之后所产生的心理不平衡不仅造成失恋者身心痛苦,处理不当还会引发恶劣的社会后果,所以必须对失恋心理的调适引起高度重视。

第一,自我调适。自我调适应着重注意以下几个方面:一是树立正确的得失观。要正确对待恋爱中的得与失,辩证地认识成功中有所失、失败中有所得。一次恋爱失败看起来好像失去很多，其实若仔细分析，得到的也很多。感情和思想的成熟，恋爱艺术与经验的积累，认识能力和分析能力的提高，意志的考验与磨练等等。从某种意义上说，这都是恋爱一次成功所得不到的。二是适度宣泄。失恋后，内心痛苦不要闷在心里，可通过与知己的战友、同乡谈，同信任的领导谈等途径，把心中的不快倾吐出来，达到心理平衡的目的。三是情景转移。失恋虽说是常见的，但对个人来说，毕竟要造成一定的心灵创伤。我们可运用情景转移的方法来冲淡心中的痛苦，如走进大自然，暂时远离能勾起恋爱回忆的景和物；将注意力转移到平时最感兴趣的工作上；把时间安排紧凑一些，多参加文体活动等等。

第二，群体调适。军人都生活在军营中，过的是群体生活。帮助失恋者走出痛苦的旋涡，群体的力量可以起到很大的作用。一是要提供良好的群体气氛。这要求集体中的每个成员不要冷落失恋者，而且要主动地接近他，给他提供情感宣泄的渠道，并在生活上、工作上关心他们，使他们感到集体的温暖。二是要提供情景转移的条件。作为领导者要主动地为失恋者创造、提供适合其个性特征的各种工作，多组织集体活动。从而转移失恋者的注意力，减轻心理压力。三是引导群体舆论。要求集体成员不要把人家的痛苦经历当做笑料，随意传播，而要主动地给失恋者以鼓励、安慰，要多开导、劝说、启发。一般来说，对这种事情不要多议论，要淡化、冷处理。美满婚姻的基础是当事人双方的相互爱慕。只有这种爱情，才会既非环境所能改变，亦非时间所能磨灭。

(二) 军人两地分居的心理调适

基层青年官兵结婚以后常常两地分居，是我军的现实状况。家庭矛盾和心理冲突也常常因此而生。因此，必须加强这方面的心理调适。

首先，要在思想上树立正确的婚姻观。恩格斯提出美满的婚姻是建立在"相互爱慕"的基础之上的。对于军人来说，更应强调这个基础。有了这个基础，也只有在这个基础上，双方才能正视两地分居的现实，克服种种不利条件所带来的心理矛盾。

其次，在两地分居时应加强联系和沟通。两地分居的沟通方式有各种各样，书信往来在过去通信条件不发达时是一种主要沟通方式，现已大多采用电话联系了。此外，在相关的纪念日、生日等时候，分居两地的夫妻双方可邮寄一些纪念品来沟通感情。

再次，要做好探亲期间的心理调适。对两地分居的夫妻而言，一年一度的探亲无疑是密切双方感情的关键。要想收到好的效果，巩固夫妻感情，就要注意运用正确的方法，进行心理调适。

其一，共趣调适。怎样调适呢？一是顺应，就是双方互相迁就。二是同化，就是经过一段共同生活后，逐渐相互适应。三是整合，即通过努力，互相磨合，在兴趣方面达到相互理解、十分默契的程度。

其二，语言调适。平时的接触是靠文字进行的，属于间接接触。而探亲时，则是用语言进行直接交流。语言交流中的语调、语速、语气、语言内容对调适夫妻感情可起重要作用。一般说来，交流思想时，可用启发性和鼓励性语言；倾诉感情时，宜多用关切性、渴求性语言；商讨家庭建设时，要多用商量式、请求式语言；在情绪不好，或工作、事业遇到挫折时，要用些幽默性语言发泄心中不快，调整情绪。

三、如何创建幸福的港湾

其实，世界上无十全十美的男人和女人，无论你多么认真地挑选结婚对象，你都只能是挑选出一种大致适合你去加工打磨的原材料，一切幸福婚姻都是双方努力创造出来的艺术品，这种创造是一个较漫长的人生历程，它多半需要付出毕生的心血。总是听说："我的婚姻又失败了，我总是选错对象"的抱怨，很多时候只是我们缺少耐心去挖掘对方的美。

幸福的婚姻不是选择的结果，是认真培育、努力经营的结果，它考验着我们的责任心。同时，婚姻是相对的自由，用自由交换责任。海尔公司有句名言：没有最好，只有更好！你要永远记住,和你一起去领结婚证的那个配偶,绝对不是你这辈子遇到的你最满意的那个人。

(一)爱情成功的心理因素

成功的爱情是男女双方心理上相互呼应,主观上共同努力的结果。其主要的心理因素有:

1. 价值观一致

价值观是指一个人对客观事物的是非判断及对其重要性的估计。人的价值观对爱情有着重要影响,这是人类的爱情与动物性爱的区别所在。尤其是在当前物质诱惑比较多、思想意识形态领域比较复杂的情况下,相同的价值观使男女双方在生活上有共同的理想、追求,对于纷繁的客观事物有大致相同的取舍,能在同一思想层面上交流沟通,有较多的共同语言更有助于建立和谐良好的关系。因此,共同的价值观是爱情成功的心理基础。同时,文化上的般配也非常重要。文化是什么,是教养、修养、涵养,是待人接物,为人处世的处事风格。所以,在文化上我们仍然要讲究门当户对。

2. 心理相容

心理相容是指不同人格特征的人相互理解包容,配合适应。心理相容是爱情成功的心理背景。一对恋人、一对夫妻如果心理相容,就能体验到欢乐、幸福与美好;心理不相容则感到惆怅、痛苦与失望。青年男女在恋爱阶段,对对方思想感情与心理特点方面的充分了解,是保证婚后爱情心理相容的前提。婚后夫妇在思想感情上的交流与融合是巩固心理相容的基础。青年夫妻绝不能认为结婚了,相互的了解与心理协调便结束了。结婚是强化心理相容的重要手段,结婚之后还有新阶段的心理协调。

3. 性意向一致

性意向是构成爱情心理结构的主要组成部分,是性爱与非性爱的本质区别。青年男女恋爱的结果是结婚,发生性关系。青年夫妻的性意向的协调水平在一定的程度上也影响着爱情。性生活的和谐有助于爱情的巩固与发展。青年夫妻性意向的矛盾与冲突造成感情不和甚至破裂的事例也是屡见不鲜的。因此,正确对待与协调性意向是巩固爱情的重要条件。

4. 忠贞不渝

忠贞不渝是爱情成功的基础。青年男女的爱情是一种纯真的爱恋之情。爱情应是执着专一的，绝不可三心二意，脚踏两只船。男女青年的爱情本身包括着性爱的成分，性爱具有排他性，这是符合现代人类社会伦理原则的。对爱情的忠贞与把爱人看成私有的附属品是完全不同的事情。对爱情的忠贞不渝是一种美德，是真正的爱情的重要标志，它使男女双方感情互相交融，彼此心心相印。

5. 彼此尊重

尊重也是爱情成功不可缺少的心理因素。一对恋人的互相尊重是恋爱成功的一个重要的心理条件。夫妇彼此尊重是家庭幸福的一个重要心理条件。爱情是相互爱恋之情，是由双方美好的、彼此尊重的心理特性牵连着。真正的爱情是相互尊重的，恋人、夫妻双方都不应该因为双方职位高低、能力大小而影响相互的尊重。恋人或夫妇间的讽刺挖苦、冷嘲热讽、污辱人格，甚至打骂，将严重地动摇爱情的心理结构。由于缺乏互相尊重而造成爱情破裂的现象是常常发生的。

6. 自尊自爱

在爱情的心理结构中，尊重与自尊是相辅相成、缺一不可的。没有自尊，就不可能引起对方的尊重，没有对对方的尊重也必然影响到自尊。正确地自我评价与自我体验才能做到自尊，对对方的正确评价与体验才能做到尊重。爱情成为人类最高尚、纯洁的感情，是与自尊、尊重在爱情中很自然地融合为一体有着密切的关系。

（二）幸福家庭具备的要素

爱情一旦成熟，就必然走向婚姻的殿堂。恋爱双方彼此情投意合，携手组建起新的家庭，不久的将来还会迎来新的生命诞生，于是婚姻和家庭就构成了为社会所承认的一种社会关系。婚姻是社会确认的两性之间的夫妻关系，是受法律保护的，它与爱情一样具有排他性。作为军人，创建幸福美满家庭生活应该从以下几个方面入手：

一是互相尊重相敬如宾。互相尊重是忠贞不渝的第一要求。夫妻之间没有互相尊重，就没有爱情，也就不会有幸福的婚姻生活，夫妻间的互相尊重是保持婚姻幸福的基本因素。夫妻之间没有高低贵贱之分，需要的是平等互敬，彼此尊重，彼此爱恋。生活上同甘共苦，互相体贴，互相照顾；工作上，互相支持，携手奋进。这样才能保持夫妻恩爱，家庭美满。

二是互信互谅推心置腹。由于军人职业的特殊性，大多数军人夫妻长期两地分居，因此夫妻之间的信任显得尤为重要。无论哪一方，都要相信对方，珍惜夫妻情意，不能道听途说，疑神疑鬼，无端猜疑。特别是军人一方。在爱情婚姻问题上要有豁达大度的胸怀、视配偶为同志，利用探亲休假或配偶来队的机会多与之做全面的思想交流和心理沟通，有什么疑问、有什么难处要打开天窗说亮话，切不可埋在心里。同时，夫妻间难免磕磕碰碰，有了矛盾，有了误会，要相互谅解，心平气和地交换看法，军人一方更应带头谦让对方，克制自己，态度和气，尽量做到以理服人，以情感人，而不能针锋相对，大吵大闹。

三是互相帮助共同奋斗。俄国作家车尔尼雷夫斯基曾经说过：“爱情的意义就在于帮助对方提高，同时也是提高自己。唯有那因为爱而变得思想明澈、双手矫健的人才算爱着”。夫妻间的互相帮助，体现着爱情的助动力，会产生异乎寻常的巨大力量。真正的爱情决不是单纯地爱一个人，还要涉及其内心世界，支持对方的事业，有思想上的共鸣。真正的婚姻不仅仅是为了得到，更多的还是付出。人生的道路曲折而漫长，既有成功的喜悦，又有失败的痛苦；既有创业的艰辛，也有离合的悲欢。因此，夫妻之间有责任，也有义务支持对方、帮助对方、鼓励对方，在生活的道路上携手前进，共创辉煌。

四是同甘共苦同舟共济。有人把家庭生活比做五味汤，酸甜苦辣咸，样样滋味，应有尽有。的确，在夫妻的共同生活中，可能会遇到人世间的阴晴冷暖，经济上的贫富变化，或天灾人祸的突然降临，有幸福和欢乐，也有痛苦和不幸。因此，在夫妻之间提倡同甘共苦、同舟共济是必要的。军人夫妻更应在这方面走在全社会的前列。要经受起社会风浪、生活苦难、两地分居、家庭不幸等考验，既不能因为一方条件、地位发生了变化而抛弃对方，另觅新欢；也不能因为一方遇到疾病等不幸而冷漠对待甚至加以遗弃，这些都是极不道德的，军人更不能如此。在家庭生活的方方面面，夫妻双方都要互谅互让，互相扶助，特别是在一方遇到挫折或遭受不幸时，应给予关怀和支持，与之共同经受风风雨雨，共同渡过难关。不论什么情况，夫妻双方都应该做到忠贞专一，永不变心，这样才是真正的终身伴侣。

珍爱生命
——谈青年官兵的自杀防范

翻开报纸，打开电视，点击网络，我们几乎每天都可以看到生命逝去的报道，他们或死于自然灾害，或死于人为的事故，或死于自杀和他杀。让人感到震惊的自杀事件频频发生，生命之花没有绽放就黯然凋零，生命乐章来不及奏响就戛然而止，让人扼腕叹息，痛心疾首。仔细翻阅这些自杀事件，很多人是因为小事情就拿生命当赌注，或将生命视为玩物和出气筒，一旦遇到不顺心的事情就对自己生命进行无辜戕害。

2010年我国第六次人口普查统计数据显示，我国大陆人口已达13.39亿。与人口的快速增长相对应的是自杀死亡人数不断攀升。在我国，自杀已经成为第5位死因，是15岁到34岁人群的首发死因，35岁到44岁人群中的第4位死亡原因。我国每年有28万人死于自杀，至少100万人自杀未遂。150万人因为家人或是亲友自杀而出现长期、严重的心理创伤，这中间包括13万多名17岁以下的少年儿童，他们因为经历父亲或母亲的自杀非常痛苦。面对激烈的社会竞争和快节奏的生活，每个人都有出现承受不了压力而选择自杀的可能。自杀不仅使未遂者有终身难忘的痛苦经历，更有可能使死亡者的亲友一直在严重、持久的心理伤害中度过。

一、理性对待自杀

造成自杀的因素较多，但一般而言，主要是生存压力的增大和生存动力的缩减使生命质量降低到了一定限度，最终选择了以结束生命的方式来结束苦难。因人际冲突、创业失败、家庭矛盾、期望值落空导致自杀的屡见不鲜，同时，因为不能承受自身心理疾病困扰而自杀的也不在少数。

但反过来想想，生命本身的责任从何而来呢？家庭不和谐、失恋、晋升意愿没实现、与人相处不愉快、本职工作不顺心，这些与生命本身没有任何关系,假如我们抛开所有的事物,只留下生命本身,设想,这个生命本身会去关心家庭的关系、去谈恋爱、去学习、去交际并且为这些事情设定某种预期吗?当然不会。

有这么一个故事:一位少妇投河自尽,被正在河中划船的艄公救起。艄公问:"你年纪轻轻,为什么要寻短见?"少妇哭诉着说:"我结婚两年,丈夫就遗弃了我,接着孩子也死了。你说我活着还有什么意思?"艄公又问:"两年前你是怎样过的?"少妇说:"那时我无忧无虑,自由自在。"艄公:"那时有孩子和老公吗?"少妇:"没有。"艄公:"那么,你不过是被命运之船送回到了两年前。现在你又可以过自由自在的生活了。只要努力,你一定还会有美满的家庭和可爱的孩子。"少妇听了艄公的话,心里顿时一片晴朗,便告别了艄公,高高兴兴地跳上了岸。从此,少妇积极地生活,勤奋地劳作。很快,她的成熟、美丽和勤劳吸引了不少优秀的男子,她和自己喜爱的男子重新组建了家庭,有了可爱的孩子,真和艄公预言的一样,过上了幸福的生活。

我们开展生命教育,就是提醒大家,不能将一个完全不具备责任能力的东西当做一切失败的事情原因,这是一种推卸责任和胆怯的表现。我们应该认识到,自杀是最悲惨、最愚蠢的结束生命的行为,是一种"鄙贱的勇敢",是一种对生命的极度不负责任,对生命的极度漠视,也是对母爱的最大亵渎。同时要认识到,任何自杀者除自杀之外尚有其他生存出路,自杀不是面对挫折或疾病的唯一解脱方法,更不是自我解脱的正常行为。很多自杀者所谓的结束自己生命的目的是为了"得到解脱",实际上是人为制造早年丧父、中年丧偶、晚年丧子的悲剧。当一个人自私地、不负责任地撒手人寰,留下绝望的恋人、嗷嗷待哺的小孩、久卧病榻或白发苍苍的父母,你死了,能瞑目吗?自杀完成或自杀未遂者还给周围的人带来巨大而持久的心理悲痛和耻辱感,还给社会和家庭造成一定的经济负担。如果自杀发生在学校或工作场所,还会对数百人产生影响。自杀未遂将造成严重的残疾和巨大的医疗康复费用。

任何时候一个观念都不能改变，即，生命是有价值和有意义的，只有生命的存在，才能为社会创造财富，实现生命的价值。通过各种教育实践活动尤其是生命教育活动中要真正体会到生命的尊严、生命的价值、生命的可贵，学会自爱、博爱、仁爱，学会将爱回馈社会、感恩社会。

二、识别自杀者的求救信号

每一个打算自杀的人都会事先发出"求救信号"，有些是真实的求救，有些是自然而然的流露。即使是抱着必死的信念，也会有所流露，尤其是抑郁症患者的心理和想法有时是不受自己控制的。那么，怎样识别这种自杀"求救信号"呢？这种"信号"最明显的就是对自己亲近的人直接表达想死的动机。这时你千万不要认为他在开玩笑或不敢真的去做，而一定要想办法帮助他，也许你就是他最后一个求助的人。

最多的是间接流露，比如，在谈话、电话、短信、微信朋友圈、信函中流露出自杀的想法；或者对已经发生的自杀事件感兴趣等。同时，还有一些反常的现象：喜怒无常，从极度悲伤到极度冷静没有过渡，或者无缘无故地高兴、哭泣、焦躁不安；抑郁状态忽然好转，像变了一个人似的；突然表现食欲不振、沉默少语、失眠；回避与他人接触，不愿见人；反复整理东西，将它们分类收拾好；临时打电话访亲拜友，向他们说再见，说类似"如果我不在，你们会过得更好"之类的话，归还全部所借物品；频繁出现开快车、随意闯红灯、在高层建筑上向外探身试探等危险行为；近两个星期经常谈论死亡；以前不修边幅，突然开始爱打扮；把自己珍爱的东西分发给亲友，或者走访多日不来往的亲朋好友；对死亡产生兴趣，喜欢关于死亡书籍、网站和音乐，同身边的人讨论各种死法。

抑郁症患者是自杀高危人群。每100人中有4至6人在一生中可能患抑郁症，但绝大多数患者不知道这是一种可以治疗的疾病，也不知道在患抑郁症后，不可能自己摆脱抑郁。有抑郁症的男人，其自杀风险高出一般人的 5～15 倍，研究表明 80% 的自杀者有严重抑郁症。抑郁典型症状为：终日悲伤、抑郁，对日常活动缺乏兴趣，食欲不振，体重下降，疲乏无力，入睡困难，早醒，无价值感和有罪恶感、绝望感，终日易激动和心神不宁，注意力很难集中，难以做出决定和回忆过去的事情。

自杀高危事件发生时，由专业救助组织寻找高危人群，及时进行心理救助，可以有效预防自杀。研究认为，不同的人进入不同抑郁状态，只要遵照以下十四项法则，抑郁的症状便会很快消失。这十四项法则包括：

（1）必须遵守生活秩序。与人约会要准时到达，饮食休闲要按部就班，从稳定规律的生活中领会自身的情趣。

（2）留意自己的外观。自己身体要保持清洁卫生，不得身穿邋遢的衣服，房间院落也要随时打扫干净。

（3）即使在抑郁状态下，也决不放弃自己的学习和工作。

（4）不得强压怒气，对人对事要宽宏大度。

（5）主动吸收新知识，按照"活到老学到老"的格言，尽可能去接受新的知识。

（6）建立挑战意识，学会主动解决矛盾，并相信自己可以成功。

（7）即使是小事，也要采取合乎情理的行动。即使你心情烦闷，仍要特别注意自己的言行，让自己言行举止合乎生活情理。

（8）对待他人的态度要因人而异。患抑郁症的人，对外界反应几乎相同。如果你也有这种倾向，应尽快纠正。

（9）拓宽自己的情趣范围。

（10）不要将自己的生活与他人作比较，如果你时常把自己的生活与他人作比较表示你已经有了潜在的抑郁，应尽快克服。

（11）最好将日常生活中的美好的事记录下来。

（12）不要掩饰自己的失败。

（13）必须尝试以前没有做过的事，要积极地开辟新的生活园地，使生活更充实。

（14）与精力旺盛又充满希望的人交往。

三、改变自杀者：交流和帮助

一旦发现身边的家人、朋友患有抑郁症且出现一些"自杀信号"时，我们应该如何进行及时有效的干预呢？首先要做的是安抚其情绪，必须注意控制自己的情绪。很多人发现家人或者朋友有自杀念头时，第一反应是恐惧不安和不理解。其实，真正能起到帮助的做法是，如果一时不能理解他想自杀的做法，那么就先向他保证，自己会陪伴着他，并劝说他暂时先不要做自杀的决定，看一下还有没有其他解决的办法。而不要以"你太想不开了""你怎么会这样""你太没良心了"等言语去评价、质疑甚至攻击他的想法。当然，控制自己害怕的情绪同样是有压力的，若实在无法坚持，可以找一位熟悉的、性格较为坚定的朋友陪同。

抑郁症患者自杀的目的是逃离痛苦，所以要及时告诉他，他感受到的痛苦并不是独有的，而是每个抑郁症患者共有的表现，解决痛苦的办法不一定是自杀，因为抑郁是可以治疗的。待他情绪稳定后，劝他去专业机构接受治疗，也可以让他先拨打本地的心理咨询或危机干预热线，向专家寻求解决方法。尤其是对自杀未遂的患者，心理干预一定要及时，要尽早就医。待抑郁患者抑郁症状和自杀观念消失后，鼓励他参加抑郁症患者的团体活动，和有类似经验的人谈心、交换意见，在相互支持中重回生活正轨。

值得注意的是，千万不要刻意回避家人或者朋友想要自杀的问题，回避只能使问题更加严重，而是应该与他一起探讨想死的动机，聊聊有哪些心理疙瘩，能帮助他做些什么，共同寻找解决办法。经过交流和帮助，可能就会改变他想自杀的想法。

（一）基本技能

如果他有下列言行，则很有可能自杀，所以这是我们应该知道的：①透露自杀意图。这是最常见的自杀预兆。事实上，有2/3的自杀者曾明确表示过他们的自杀打算；有25%的人寻求过心理医生的帮助，有44%的自杀者服用过新开的药物。自杀意愿有时是通过暗示和开玩笑的方式透露出来的，有时则只是在日记中写下自杀的念头。②写遗书。写遗书者通常自杀意念较坚决，大约30%的青少年自杀都会写遗书，而17%的成年自杀者会留下遗书。③反常哭泣。④反复诉说遭遇。⑤谈论自杀计划，包括自杀方法、日期和地点。⑥谈论与自杀有关的事或开自杀方面的玩笑。⑦不能正常工作，无故旷工。⑧社交活动明显减少，不吃饭，闭门不出。⑨频繁出现意外事故。⑩将自己的珍爱之物送人。向亲友流露眷恋之情，或者突然向亲友告别。

（二）救助技能

发现有人正在实施自杀行为，如果能阻止自杀行为的进行，固然很好。但有些自杀行为是以危险方式来进行的，如身处危险境地、持有危险器械物品或劫持人质等，贸然强行制止，可能反而会触发自杀行为的提早实施或导致他人的伤亡。譬如，对于只是想通过公开自杀的行为换取社会关注以解决其实际困难的人，谈判人员到场后，如果认为其是"自杀秀"而没有高度重视，简单地谈上几句后，就上前强行将其拖离自杀地，使其不能体面收场，就有可能激怒"自杀威胁"行为者，使之假戏真做，最后演变成真正的悲剧。

因此，下面的救助技能应掌握：①征求对方的许可，才可以开始陪伴，如觉得他当时的自杀危险性很高，不要让其独处。②耐心倾听，支持对方；多听少说，不判断对方，如他要你对其自杀的事情给予保密，不要答应。③真诚实际的关怀态度，陪伴流泪也无妨，适当表达自己哀伤的情绪。④适度地以肢体表达关怀，如拥抱、拍肩等；协助对方放松，如倒杯水、散步等简单运动等。⑦鼓励对方多休息与睡眠，舒缓对方的罪恶感与自责的想法。⑧配合对方的信仰，陪伴对方祷告或诵经。⑨询问对方是否想自杀，这样的询问有益无害。⑩相信对方说的话，当他说要自杀时，应认真对待；让他相信他人的帮助能缓解面临的困境；必要时鼓励其寻求专业的协助。

（三）注意以下事项

（1）不说：不要哭了；

（2）不说：痛苦只是暂时的，时间会冲淡一切；

（3）不说：不要难过，你要坚强一些；

（4）不说：我了解你的感受；

（5）不说：节哀顺变；

（6）不说：心放宽些，你还有另一个孩子；

（7）不与对方争论，或企图改变对方的想法；

（8）不因为好奇而发问，注重对方的隐私权；

（9）不阻止对方重复讲述；

（10）不企图解决对方的痛苦与困难；

（11）不提供药物，应转介给医师诊断；

（12）减少饮用刺激性饮料，如酒、咖啡。

四、对于有自杀意向人员的教育要点

（一）远离负面思维

（1）非黑即白：事情对你来说只有黑白两面，根本没有妥协的余地。典型语录："我如果不能完美地执行这项任务，那我就是一个彻底的窝囊废。"

（2）一概而论：从单独的经验里做出总结，认为此生若有重复必将导致同样的结局。典型语录："我什么都做不好。"

（3）自动过滤：忽略事情正面的部分，只看负面。典型语录："怎么这么差劲"。

（4）消除正面性：试图说服自己相信事物的负面。典型语录："她说和我约会十分愉快，但我想她只是出于礼貌才如此表示。"

（5）妄下结论：在没有实际证据下做出结论。典型语录："我终生将被埋葬在这份该死的工作里。"

（6）情绪当家：笃信你的感受反映了现实情况。典型语录："我感觉糟透了，我是个输家——原来我生来就是如此无用。"

（7）自贴标签：只要产生差错，出现挫折，立即谴责自己。

典型语录："我毫无用处。"

（二）允许自己不完美

完美主义是一种自我强求，是对一种不可能达到的境界的强求。它永远只追求结果，而全然不在乎过程。所以完美主义者身上所折射出来的就是为了结果而没完没了地自我伤害。下述四条自我调适的建议，提供给追求完美主义者参考：

（1）没有最好，只有更好。病态的完美主义者追求最好，合理的完美主义者是追求更好。如何区别两者，后者的目标是现实的，可以达到的，而且只要达到了目标他就会满足并快乐着，他既重视目标的达成，也重视过程；而病态的完美主义者的目标是不现实的，是无法实现的，所以他永远不会满足。追求完美就等于追求死亡，因为一旦我们要求完美，我们就不可能再有进步和成长的空间。

（2）重新审视和评估自己的能力。一个人的能力有大有小，我们不是万能的上帝，所以要允许自己有所不能，有所不为。

（3）追寻自我强求的源头。我们不可能都成为英雄，其实英雄也是凡人。完美主义者在追求一种英雄式的生活，让自己时时强大，事事胜利。当然这样的强求也非天生的，我们所有的自我强求大都源自早年父母对我们的强求。所以要彻底铲除完美主义可能要从接受他人开始，更重要的是从接受我们的父母开始。当我们能接受自己的父母时，我们就能接受自己，当我们接受了自己，便没有了自我强求的土壤，没有了土壤，完美主义就会枯萎灭亡。

（4）重新认识缺憾、失败和瑕疵。完美主义者的目的是让自己变得更理想，更强大，有一个美好的自我形象。追求完美本身已让我们变得不完美，这本身就是一个不小的缺陷，会让我们陷入一个无法解脱的悖论。解决完美主义要从提高自信开始，而自我接受尤其是接受自己的缺陷和不足便是自信的开始。在另外一种意义上，不完美可能才是真正的完美。

（三）主动调整心态

面对同样的事情，看问题的角度和方式不同，产生的结果也会截然不同。现实生活中，也许我们做了很多事情，付出了很多努力，经历了很多艰辛，但是一直没能得到同事理解，没有领导给予肯定，难免会心存沮丧。然而我们这时是否想过，在我们无力改变别人看法的时候，为什么不用淡泊名利的心态、笑看风云的豁达，摆脱纠缠于心的羁绊呢？为什么不勇敢突破禁锢自己的藩篱，摆脱利己存私的心念，只问奉献、不求索取，让健康的生命闪烁灿烂的光泽呢？

主动调整心态，不要让悲伤在自己的眉宇间播下忧愁的种子，也不要总以为自己始终生活在阳光照耀不到的角落，要相信明天的太阳依然灿烂。换一种心态，看到的将会是完全不同的风景。当心灵的脚步沿着既定的道路越走越崎岖的时候，就是该考虑换一条道路行走的时候了。路是死的，而人是活的，所以选择要自己来做。

主动调整心态，就要学会换位思考，以平和心感悟人生，不喧闹浮躁、不矫揉造作、不故作呻吟。即使自认为满腹才华，能力比别人强，也不去抱怨自己怀才不遇，因为对现实的不满大多是肤浅偏激的情绪。要用平和豁达心态来看待一切，受挫时心怀不乱，从容大度；在显赫时月盈若亏，不骄不狂，做到得意不忘形，失意不失志。

一个整天盯着自己在别人心中位置的人，很难做到"静水流深"，很难发现和得到宝贵机遇。机遇是留给平和心态者的礼物，心态浮躁、锱铢必较的人，发现不了机遇藏匿的地方。要懂得"欲成大事者须要宽容于人"，这样不仅可以融入人群，与人和谐相处，也可以暗蓄力量、悄然前行，在埋头干事中成就事业。

主动调整心态，是人生的省悟，是一种智慧，一种境界。试着换一种心态，我们的生活就不会有那么多的烦恼和忧愁，我们眼中的世界就会变得更加绚丽多彩，我们内心深处就会变得更加阳光明媚，更加充满生机和活力。

理智失缰
——谈青年官兵的激情犯罪

"和平时期,决不能把兵带娇气了,威武之师还得威武,军人还得有血性。"有血性是军人外在的刚性美,然而有的官兵认为,有血性就是要有脾气。这是血气方刚的青年官兵暴躁任性心理的一种不当反应。近年来,军区发生的几起杀人案件大多是激情犯罪,这一暴力犯罪给他人、个人和部队带来巨大危害,我们必须加以重视,重点把握激情犯罪的规律特点,寻找激情犯罪的心理诱因,保持官兵心理健康,促进部队和谐发展。

一、充分认清激情犯罪的危害性

激情犯罪是一种因钱、色、气纠纷而引起的情绪失控,在特定的时间、空间、环境、条件下发生的犯罪,往往有较强的攻击性和暴力性,危害性极大。

一是严重侵害他人的身心健康。激情犯罪必然给被害人带来生命危险和身体的伤害,有的还导致被害人的精神重创。例如,强奸行为,不仅使受害人遭受身体伤害,而且给被害人造成精神上的阴影,其社会影响和心灵创伤往往在相当长一段时间内难以消除,最终可能导致受害人精神分裂,甚至自杀。

二是严重毁掉自己的美好前程。激情犯罪中的暴力行为不仅危害他人的身心健康,甚至毁灭了一个鲜活生命,同时自己也走上了犯罪道路,受到了法律的严惩,从而丧失个人发展进步的机会,毁掉自己的美好前程。

三是严重影响部队建设。对部队来说,激情犯罪案件的查处必然会分散机关领导的精力,干扰部队正常工作秩序,也造成人力、物力、财力的浪费,从而延误工作任务的完成,影响部队的全面建设。同时,凡是案件的发生,尤其是激情犯罪这一暴力性犯罪,一定会挫伤官兵的心理,降低部队的士气,影响部队和谐发展。

二、重点把握激情犯罪的特点规律

激情犯罪虽然暴力性强、危害性大，但也是有规律可循，有特点表现的。

（一）激情犯罪行为人多是生活、工作的失败者

激情犯罪行为人大多经历过很多生活坎坷，遭受过较多工作、婚恋方面的失败，或是现实工作和婚恋与自己的理想有较大差距，具有挫败感和人际关系不良等特征。如果这些挫折情绪没有找到有效途径排泄而长期压抑与愤恨，一旦遇到消极事件的发生，立即会引发犯罪冲动，发生犯罪行为。

（二）激情犯罪行为人的行为特点

通过对激情违法犯罪成因分析，激情违法犯罪与常态违法犯罪相比，激情违法犯罪主要采取暴力手段，具有以下特征：一是没有预谋性。激情犯罪行为人在实施违法犯罪之前，心理品质虽处于不良阶段，但没有形成违法犯罪的心理动力定势。违法犯罪行为人主观意识处于间接、被动的违法犯罪阶段，实施违法犯罪活动只具备了客观刺激性条件，为满足某种需要迅速产生违法犯罪动机，实施违法犯罪行为。从行为人实施违法犯罪行为阶段理论分析，激情违法犯罪并无预谋。二是情境刺激性。激情违法犯罪行为人如果没有足够的情境刺激，在内有不良心理只处于潜流状态，心理尚能保持平衡，行为人不会过激。行为人的情绪一旦遇到强烈刺激，损伤和破坏了行为人需要，就会产生消极情绪体验。由于负诱导作用，使情绪高涨，由此引发激情违法犯罪动机，致使实施违法犯罪行为。三是自我失控性。激情违法犯罪行为人在实施违法犯罪行为之前，由于没有预谋，情境刺激瞬间突发，打破了行为人的不良心理的潜流状态，受负诱导作用，自控能力和理智感降低，自我抑制失控，在情境强烈刺激下产生违法动机，实施违法犯罪行为。有的行为在情境刺激下暴力行为达到目的后不是马上中止，而是要持续一段时间，甚至酿成更大的惨案，如有的杀人犯杀红了眼，在杀"仇人"之后，还伤及无辜。

（三）激情犯罪行为人的心理分析

激情犯罪心理是指遇事容易随性冲动，亦称为暴躁任性。它是一种短时间内暴风骤雨般极度紧张的情绪体验，同时也是一股巨大的心理能量。具体地讲，暴躁任性心理具有以下特征：①紧张性。当一个人处于激情状态中的时候，会感觉到自己的情绪越来越高涨，身上就像着了火似的，难以控制。②暂时性。它像暴风雨一样，来得猛、去得快。③暴发性。处在激情状态中的人，会竭尽全力地去表达自己的内心感受，充分释放自己的心理能量。④盲目性。人在激情状态下，其认识范围骤然缩小，分析能力下降，别人的劝告及过去的经验都被掩盖掉，因而常常不能理性地处理问题。

（四）激情犯罪行为原因

不健全的人格是导致激情犯罪的根源；不健康的心理是激情犯罪重要诱因。理智与情感的失衡是引发犯罪行为的主要原因，其个人贪婪、愤怒、嫉妒、恐惧等消极情绪是在急剧而又强烈的情况下产生的，很容易丧失理性控制，表现为冲动的行为，短时间内出现激情状态；文化水平、道德教育、家庭影响、外界刺激、法制观念淡漠等都是激情犯罪诱发因素。

三、多渠道维护军人心理健康防止激情犯罪

根据心理学的规律和激情犯罪特点，笔者认为应该从以下几方面着手，保持官兵心理健康，防止激情犯罪。

（一）重视组织内部调适渠道

组织和群体作为个人生存和发展的主要载体，对个人的需求最了解，对个人的影响最直接，对个人行为的调控最有力。因此，注重组织和群体内部的心理调适是预防激情犯罪的关键和重点。组织内部应把握好几个要点：

1. 定期进行心理评估

心理测试是通过一定的心理量表、通过对被测试人提问，由被测人回答来决定测试的结果。然而，闻其言终不如观其行。对其行为的考察所得出的心理评估更为重要。这种心理评估需要对

行为人进行一定时间的观察和接触。观察近期工作状况、心理状态、精神昂扬程度。此外，还可以通过家庭背景、成长经历进行了解评估。通过定期的心理检测，对于短期的心理失常、心理疾病可以通过心理治疗、休假等进行调整、缓解。如果发现某一官兵已出现明显的、严重的人格特征变化时，组织应高度重视，给予极大关心和爱护，尽快获得某种成就体验，帮助他摆脱现实困境。

2. 及时换岗交流

及时换岗交流可以减少当事人的压力。如果发现某些官兵有人格障碍或在一个岗位数年后因各种压力或社会不良因素刺激下已形成明显的心理疾病，包括形成不良的行为习惯，组织就应将其交流到压力较小的岗位上去，以避免可能发生的危害。

3. 全面开展心理咨询服务

进行专业的心理辅导和咨询的目的是协助官兵调适心理，消除烦恼挫折及感情困扰，帮助其尽快地从紧张、焦虑的状态中走出来，防止意外事故发生。

(二) 引导官兵自我调适

引起激情犯罪的不良心理问题一般表现为自我调适能力较弱、人格障碍造成的。因此，促进官兵的心理健康是解决激情犯罪的基础和前提。引导官兵改变自己的心态和及时进行合理宣泄和自我调适，保持官兵心理健康，增强官兵对挫折的承受能力，指导官兵自觉加强个人修养。

1. 改变和调整自己的心态

世界万事万物不变是相对的，变则是绝对的。心理活动过程也有这样的规律。所谓有机变换，就是通过对外部信息接收角度和强度的转换，或对原有心理认知进行重组，或迁移、升华后，使外部刺激与心理认知互为进退地实现协调一致，避免心理矛盾冲突激化所造成的心理困境。其主要有以下几种方法：

（1）及时转移。性情暴躁的人，做事情往往企图通过"短促突击"，就想"立竿见影"，而当自己的目的达不到时，就暴躁起来。需要有针对性地采取一些措施，经常让自己做一些需要很大耐心和韧劲才能做好的事。比如练习临摹绘画、下棋等等。大量事实证明，暴躁任性心理一旦暴发，很难对其进行调节控制。所以，必须在它尚未出现之前或刚出现还没升温时，立即采取措施转移注意力，以免消极情绪继续发展。比如，可尽力让自己想一些无关的事、干一些其他的活，脑子不闲，手脚不停，就能摆脱因发怒带来的思想负担。

（2）心理自慰。心理学上又叫合理化或"文饰"。这是通过找一些理由为自己"开脱"，以减轻痛苦，缓解紧张，使内心获得平衡的办法。弗洛伊德指出，常见的合理化有两种，一是希望达到的目的没有达到，心理便否定该目的的价值或意义，俗称"酸葡萄效应"。二是未达到预定的期望或目标，便提高目前现状的价值或意义，俗称"甜柠檬效应"，也可以理解为满足现状型。因此，当我们处在心理困境中，应合理利用自慰法维持心理平衡，实现心理自救之效。

（3）情感降温。一个人的目标或抱负水平越高，其效价就越高，但失败的可能性也就越大。常言道，"希望得愈热烈，失望的痛苦就愈深。"当个体的动机不能实现，实现目标的需要不能满足时，就可能有受挫感，产生心理紧张或痛苦。避免或缓解这种状况的一个有效措施，就是当在实现目标过程中受挫时，及时调整目标，使之更加切合实际，易于实现。

2. 及时进行合理宣泄

首先要鼓励宣泄情绪。由于晋职晋衔受限等各方面原因，很多同志的牢骚很多，但他们发牢骚总是处于"领导面前不敢发，同事面前不便发，家属面前不忍发，群众面前更不能发"的状态，不能合理地发泄自己不满情绪。如果这种消极情绪长期得不到发泄，郁积于心，久而久之，必定严重影响心理健康，甚至产生心理疾病。常见的合理宣泄方法有以下几种：

（1）向人倾诉。人在心情愉快的时候，往往希望让别人分享快乐，也容易敞开心扉，愈加快乐；而在遇到挫折、麻烦，情绪不佳的时候，往往喜欢自我封闭，不愿意表现自己，愈加痛苦。其实，心中有委屈和痛苦，不妨找自己的至亲好友倾吐，或找与自己不相干的陌生人尽情诉说,这样一来,紧张的精神就会松弛许多,憋闷的心理也会放松很多。

(2)大哭一场。美国明尼苏达州圣保罗医学中心的生化学家佛瑞博士曾经做过这样一个实验:让一群志愿者们先看好莱坞的滥情电影,如有人被感动得哭了,就将泪水滴进试管中。几天后,再让同一群人闻切片的洋葱,这时流下的泪水收在另一个试管里。然后,化验分析这两种泪液的成分有什么异同。佛瑞博士在他的分析报告中指出,因悲伤而流的泪和洋葱刺激出来的泪化学成分不一样。他认为在情绪压力下的泪液中会含有某些化学物质,他还发现了有机茶酚胺,他相信情绪低潮会在体内产生毒素,而哭泣可以让它排出体外。因此,年轻官兵要学会哭、学会用流泪来缓解自己的不良情绪。

(3)劳己筋骨。如果心中愤懑不已,或万千烦恼难除,夜间多半睡不好,次日的情绪自然更糟,这很可能导致恶性循环。遇到这种情况时,可以把身心投入到军事训练中耗尽自己的体力,直到累得趴下,随后用温水洗漱一番,好好地大睡一觉。待到第二天醒来时,就会发现,今天的太阳比昨天灿烂,自己的心情也比昨天晴朗,紧张、恼怒、压抑等负性情绪可望缓解。

3. 加强情商培养

(1)调节情绪。容易暴躁任性的人,要养成冷静考虑问题的习惯,以良好的主观意识能动地调节自己的情绪,使之不至于产生过激的行为。首先,理智分析。你将要发怒时,心里快速想一下对方的目的何在?对方也许是无意中说错了话,并非是存心想激怒你。这样稍加分析你就会很快控制住自己;其次,寻找共同点。虽然对方在这个问题上与你意见不同,但在别的方面你们是有共同点的。你们可搁置争议,先就共同点进行合作;然后,合理发泄。比如,当感觉暴躁时,参加一项剧烈的体育活动等来进行自我调节。

(2)冷静克制。喷发的激情来也匆匆,去也匆匆,只要想办法抑制片刻,就可以避免动拳头的冲动。冷静克制一般可采取两种方法:一种是忍耐。尽管暴躁任性心理像匹野马,但缰绳还在自己手中。当别人对你说了不中听,甚至羞辱性的话,你可以在心里默念"我不发火""我不在意"等。另一种是反思。当你情绪冲动,一时又难以克制时,应想一想一时冲动可能酿成的恶果。"回头想",可以把自己的思绪从愤怒的指向中拉回来,使你的过激情绪降下温来。

(3) 感情升华。人的心理问题长期得不到解决,往往与他们的心理定势有关。如何克服心理定势,有效的方法是进行心理位移,即把固着的心理认知转变到另外更为积极的心理认知,这具有提高层次,变消极为积极的性质,即升华性。要改变旧有心理认知的定势,就要重新选择一个新的心理认知。这就是用新的、高层次的利于他人和社会的心理认知定势代替旧有的心理认知定势,从而消除消极的心理状态。"失败乃成功之母"就是从失败的消极因素中,认识其中蕴涵着的积极因素,使之成为个体奋起图强,取得成功的动力和契机。

张弛有度
——谈青年官兵的压力调控

当今社会飞速发展,人们生活质量也逐步提高,但不容忽视的问题是,人们所感受到的来自方方面面的心理压力也在随之增加,并且日益突出。压力已经成为现代人必须时时面临的问题,压力过大已构成影响人们身心健康的重要因素。然而,压力具有双重性,既有积极向上的一面,也有消极颓废的一面,关键在于人们是否把压力调适得当。将压力转化为动力,不仅能减少疾病的发生,还能驱使我们去挑战自己的能力极限,激发个人潜能,使生活变得更有意义。

一、正确认识压力

心理学研究指出,压力是个体面临或觉察到环境变化对自身有威胁或挑战时,做出的心理适应和应对的过程。如果这些改变的强度超出了我们个体承受的能力、超出了我们伸缩的空间,就会对个体造成不同程度的压力。

铁人王进喜有句名言:"人无压力轻飘飘,井没压力不喷油"。人人都有压力,或生活压力,或精神压力,或事业压力,有的压力是外加的,有的压力是自找的。穷人有养家糊口的压力;富人有积累财富的压力;青年人有升学、就业、买房子、找对象的压力;老年人有养老、治病、孤独、无靠的压力。谁没有压力呢?那些纨绔儿男,他们吃穿不忧,无所用心,最没有压力,也最没有前途。

在社会生活中,没有一个人什么事情都能够一帆风顺,每个人都会在人生旅途中遭遇挫折,形成心理压力。大家先看一下我们身边战士面对的压力。

案例1:小王是来自佛山市的一名战士,家庭条件比较优越。他非常向往军队生活,刚刚参加完毕业考试,就报名参军了。可是,部队生活并不是他所憧憬的那样浪漫。高强度的军事训练让他叫苦不迭；严明的纪律更让他不知所措；一间小小的宿舍七八个人住，而且没到睡觉时间还不能上床休息……感觉早知如此，就不该来当兵。

案例2：小李是班里非常出色的一名战士，无论是军事训练还是文体活动，他都表现出极大的兴趣和较高的能力。为了迎接一年一度的投弹比赛，小李练得更勤了，别人都休息了他还在偷偷地练习。谁知，比赛那天，各方面都不如小李的小张却得了第一名，小李连好一点的名次都没得到。为此，小李想不开了，他觉得特别丢脸、失望，在别的战士面前抬不起头来。

案例3：小林来到部队已经两个月了，可是除班长外几乎没人愿意主动和他交往。小林性格内向，平常不爱说话，别人找他说话的时候，他也因为话少而显得不是很热情。久而久之，别人也就不再找他了。实际上，小林很想主动与别的战士交往，可是每次话到嘴边却又不知该怎么说才好——他觉得自己就像是一只孤雁。

通过上面列举的三个例子可以看出，其实造成人心理压力的原因多种多样，有外部事件因素，也有内在性格因素，有自身因素，也有社会因素。归结起来，一是现实条件不能满足心理需要造成的挫败感，为了追求这个目标，无形中形成了心理压力；二是本身心理素质就不太强，遇到棘手的难题或面对领导的要求，自己觉得处理不了，于是形成心理压力；三是与我们军人整体心理特点有关，就是上进心强。上进心强的人，往往追求生活和工作上的目标比较高，由于目标不容易达到，一旦现实与实际的目标有差距时，就很容易造成心理上的压力。如我们有的战士平时好学上进，工作认真负责，不管干什么工作，都想争第一、创一流，而一旦经过奋斗、通过努力没有实现既定的目标时，就容易泄气，造成心理压力。

还有一点形成心理压力的重要原因，往往被人忽视，那就是追求完美。近年来，"过劳死"发生于中年白领阶层居多，也发生在部队中坚骨干身上。研究发现，过劳死与"完美主义"性格最有关系。"完美主义"性格的人具有以下性格特征：①凡事都要求满意,追求完美,做事周到、细心、谨慎又非常理性;②喜欢把事情一点一点地分析、批判,强调完整性,不喜欢半途而废;③具体做事非常投入,而且好奇、求知欲旺盛,对自己要求严格,从不妥协、让步。正因为过于追求"完美",这类人一方面对自己要求很高,做事常常"吹毛求疵",稍不满意就自责,必须重新再做,直到做得满意为止;另一方面,他们很在乎别人的评价,怕他人看到他的"短处",于是总是小心翼翼,担心失败,长期背负过重的心理负担。追求完美的人是表面上的"强者",由于对每一件事都要事必躬亲,精神压力很大,活得很累,他们更容易患上一些心理疾病。长期下去,必定有害身心健康。

二、面对心理压力的不良心理反应

(一)畏惧退缩心理

先举一个真实的例子。小张平时爱舞文弄墨,连里有什么经验材料也让小张帮着写。有的战友见了他就说:"小秘,又忙什么呢?""大作家,又有大作发表了,到时候好让领导给你请功呀。"听了这些话,小张本来很高涨的写作激情被一盆一盆冷水给浇灭了。在人言面前,小张给我诉苦:"走自己的路让人去说吧。可做到置议论于不顾是何其难呀,我真不知道该何去何从。"小张的心理压力可想而知。

面对"风凉"话,可能有些人会坚强地走下去,但相信也有很多人会对自己说:"算了吧,放弃吧!"如果你选择了后者,就说明你产生了退缩畏难心理,从此让你不敢出人头地,不敢越雷池半步。当然,成功也会与你失之交臂。

(二)消极懈怠心理

王杰是地方大学生入伍,当排长快一年了,多次向连里提出自认为是合理的建议,但均未被采纳,战士们也私下议论他"什么都不懂,一点都不敢向上级反映意见,让咱们也跟着受累"。作为一个学生官,王杰出师不利,心情沉郁了下来,觉得自己无能耐,以后凡事他都尽量不管不问,结果在上级考核时他被评为不称职。王杰的失误在于他的消极懈怠心理。消极懈怠心理是一种消极的情感体验，依据其体验的深刻程度通常表现为：一是对学习训练、工作学习都缺乏积极性。学习时精力不集中，人在心不在；训练时无精打采，极不认真，应付差事。二是对部队工作生活表现出不耐烦。每逢学习训练，就想办法逃避。三是对学习训练有反感情绪。

  产生这种不良心理的原因主要有：一是思想认识发生偏差。主要是当和平兵的思想严重，觉得训练无意义，纯粹是"自找苦吃"，还有的军人贪图享受，因而思想懈怠。二是需要得不到满足。有的战士在工作中有强烈的功利意识，如希望立功，希望干好得到改士官、入党，等等。一旦这些愿望没有得到满足，心中就十分不满，因而产生了懈怠情绪。三是情绪受抑。有的战士工作十分得力，但由于得不到领导的及时肯定；有的本来就优秀，但由于领导处事不公而埋没了其成绩；有的由于家庭困难、同志间矛盾、婚姻恋爱等问题没有得到圆满解决；有的因受到上级的随意指责与训斥，使他们的工作热情受到打击等等。

  （三）不平衡心理

  小黄和小张从小一起上学，两人朝夕相处形影不离。后来又满怀抱负一起投笔从戎，被分在了一个部队，多年来他们一直相互帮助，共同进步，关系颇为融洽。可最近小黄担任了副班长，小张忽然觉得很难堪，心里一百个不服，从此便与小黄疏远了，甚至本来不大的问题两人也经常争执，两人的友情慢慢疏远了。指导员看出了小张对小黄的进步心生嫉妒，便主动找小张谈心，给小张上了一课：正确对待战友的超越。小张这才认识到自己的不足，终于跨过了心中的这道坎，重拾信心。在以后的训练中更加严格要求自己，不久后在团里组织的实弹射击考核中，拿到了"三连冠"的好成绩。

  在我们周围，类似这样的情况并不少见。部队是个公平竞争的舞台，入党、提干等组织上自然是优中选优。看到战友进步了，应当去想想自身的不足，而不是对别人心生嫉妒。只看到别人提职，而没有看到人家的兢兢业业、勤奋工作；只看到别人科研出成果获重奖，却没有看到人家付出的努力和辛勤汗水。

（四）攻击心理

某部有一位战士因违纪多次受到指导员严厉批评，他认为是指导员故意跟他过不去，因而用私藏的子弹将指导员打死。这就是典型的受挫后产生了攻击心理。

攻击，是由于内心的愤怒或不满，从而表现出对人或物的进攻或侵犯行为。日常生活中最常见的是动手打人、破口大骂、摔碗砸物等。攻击可分为直接攻击和转向攻击两种。直接攻击是指个体受到挫折后，把攻击的矛头直接指向造成其挫折有关的人或物上。转向攻击是指受到挫折后不敢或不便直接攻击对方，把愤怒向别的人或物发泄。如夫妻吵架拿孩子出气，无故把孩子打一顿，或摔碗砸物等。

（五）冷漠心理

冷漠，是指个体遭受挫折后，随之产生一种漠不关心、无动于衷的态度。这种行为既是对现实的一种对抗，也是一种逃避。虽然能使紧张的情绪得到暂时的缓解，但对当事人的心理影响很大，容易形成不良反应。例如，有一位士官30岁了，谈了4次恋爱均告失败，而且都是女方先提出分手。她们要么嫌他是个兵，没有权、没有钱，要么嫌他婚后不能朝夕相伴守活寡。经历这4次挫折后，他的性格由比较开朗变成了比较内向。当别人再给他介绍对象时，他一概回绝，还说："现在姑娘都很现实，不会有谁愿意嫁给我们当兵的，还是算了吧！"

三、提高心理承受力的正确途径

（一）树立对待压力的豁达态度

对待压力，历来有三种境界。

一是顶住压力，与压力拔河，最后战胜之。这完全靠意志、毅力，靠坚持精神。不少人都因为没顶住压力而精神崩溃，遭到失败。学者王国维就没有顶住清室彻底覆亡带给他的精神压力，自沉昆明湖；演员阮玲玉则没有顶住"人言可畏"的舆论压力，走上绝路。但如果咬紧牙关，顶住压力，"不抛弃，不放弃"，成功就在向你招手，坦途就在前面，这样的例子太多，举不胜举。

二是变压力为动力。这样对待压力，就加进了智慧的因素，不单纯是苦熬苦顶了，而是巧妙地借力打力，利用能量转换定律，把压力转化为动力，压力越大动力就越大。马克思一生都生活在各种压力之下，有衣食无着、贫病交加的生活压力，有被当局不断驱逐、打压、恫吓的政治压力，还有遭到各种攻击、挑战、污蔑的精神压力，他却泰然处之，从容应对，并且变压力为动力，激发了他理论研究的巨大热情，一生努力奋斗，最终为全世界无产者锻造了威力无比的理论之剑。写过《马克思传》的梅林就曾说过：马克思是个斗士，最好不要激怒他。

三是享受压力。观念一变，全局改观，把恶斗变为享受，把苦撑变成快乐，压力就会与成就成正比，压力最大时，也意味着离胜利最近。曹雪芹为著千古奇书，以苦为乐，虽"举家食粥酒常赊"，生活压力很大，却甘之如饴，著述不辍。他"披阅十载，增删五次"，《红楼梦》终于石破天惊，成为文坛至今无法逾越的丰碑。儒将陈毅，每临大战前夕，不仅睡得甜，吃得香，而且找人下棋，谈笑风生，妙语连珠。作为主帅，指挥千军万马，胜败存于一念之间，他的压力何尝不大？可他却能"不管风吹浪打，胜似闲庭信步"，他就是在享受压力，而这种压力不是谁都能享受得了的。

压力，是我们生活的常客，不论你是讨厌它还是害怕它，它总会不期而至。怎样对待它，既需要"死顶"的勇气，也需要变压力为动力的智慧，还需要"享受压力"的豁达精神。

（二）困难面前别看低自己

曾经读过一个故事，说一个农妇外出遇到一只老虎，老虎穷追不舍，农妇匆忙往家里跑，跑到家门口才发现大门上锁紧闭，要想逃命只能从高高的墙头上翻越过去。眼看着老虎越来越近，危急之际，农妇义无反顾地翻越了墙头，保住了性命。故事的真伪难以考证，但给人以启迪：在困难面前千万不能低估自己的能量。在人生道路上，谁都难免会遇到一些困难，有时像"拦路虎"一样挡在前进的道路上,让人进退维艰。这个时候,就看你以什么样的心态去面对了。

这样的例子在笔者身上也发生过。入伍后,从农村出来的我一心想在部队有所发展,于是把目光紧紧盯在考军校上。对于文科出身的我,语文、英语、数学没问题,可物理、化学着实让我犯了怵。当时的选择是两条路:要么攻克难关,要么复员回家。想着入伍时的誓言,我只能硬着头皮开始攻读厚厚的理化两门功课课本。起初,一看见复杂的定理和运算公式,就有一种昏昏欲睡的感觉,简单的公式就是入不了脑。我心里十分着急,没有别的办法,只能采用愚公移山层层推进的方法,每周攻克课本一小节,力争弄通搞懂。夏天蚊子多,我用床单裹着腿;冬天寒冷,我穿着大衣踱着步。靠着这股钻劲和韧劲,功夫不负有心人,我终于拿下了理化两门功课,顺利通过了军校考试。

常言道,没有比人更高的山,没有比脚更长的路。面对困难,是看低自己,还是鼓足勇气,激发信心,把自己的潜能充分发挥出来,直接决定着事情的成败。当我们以一个"过来人"的目光重新审视困难时,会发现困难总是在人们信心不足时乘虚而入,但在百折不挠的勇者面前,它最终会不堪一击。因此,正视困难,用行动将它砸碎,是所有企盼成功者必修的一课。

(三)善于学会失败

过去练拳习武的人,要先学会挨打、挨摔,其实就是要学会失败。那既是保护自己的必经之路,也是战胜对手的需要。同样道理,大千世界,各行各业,要学习成功都必先学会失败,没有谁能随随便便成功,不经苦寒,哪有梅花香?爱迪生当年发明灯泡时,几乎选遍了他能找到的所有材料,失败上千次之多。如果心理脆弱,没有过人的承受能力,是很难坚持下来的,但爱迪生做到了,他仍坚持不懈,百折不挠,最终选中钨丝作为发光灯丝,给人类长夜带来了光明。

学会失败,更要有战胜失败的勇气。拳击台上,不论你挨了多少拳,被打倒了多少次,只要你能一次次爬起来,积蓄力量,看准机会,最后一击打倒对手,胜利还是属于你。失败是我们必交的学费，谁也不能例外。但学费绝不能白交，每失败一次，就要前进一步，提升一步，成熟一步，从失败中学习，从失败中总结提高，从失败中崛起，最终走出失败，战胜失败，拥抱成功。"宝剑锋从磨砺出，梅花香自苦寒来"，话虽古老，道理却不会过时，越是迫切希望自己成功的人，就越应该先学会失败。

（四）勇于挑战"不可能"

1968年，在墨西哥奥运会的百米赛道上，美国选手海因斯撞线后转过身看记分牌，当指示灯显示9.95的数字后，海因斯摊开双手自言自语说了一句："天啊！那扇门原来虚掩着。"海因斯这次百米冲刺意义非同寻常，不仅刷新了保持近30年的百米赛世界纪录，是人类历史上第一次在百米赛道上突破10秒大关，更重要的是，他打破了医学界断言的"极限神话"。当在墨西哥奥运会上看到自己9.95秒的纪录时，海因斯说："当时我惊呆了，原来10秒这个门不是紧锁着的，它虚掩着，就像终点那根横着的绳子。"

这件事虽然已成为遥远的故事，然而海因斯那句脱口而出的感叹，于今对我们尤其是对那些追求理想却又历经坎坷的同龄人来说，仍然不无启迪。面对失败和挫折，有年轻作资本，有智慧作后盾，我们没有理由沮丧；面对战友知己的拳拳厚望，我们没有理由退却，更不能因为他人的断言而捆住拼搏前进的手脚。此时此刻，我们惟有拿出绝处求生的勇气，把失败当作前行的垫脚石，咬牙坚持，顽强挺住。当你跃上一桥之隔的彼岸，当你登上一步之遥的顶峰，蓦然回首，你会发现：成功之门原来虚掩着。只要敢于冲刺，这扇门就会为你而开！

（五）培养自信的心理习惯

自信是一个人对自己能力、优势的肯定，就是对自己充满信心，自己看得起自己。有人说，自信就像人生道路上随身携带的一根鞭子，不时地鞭策自己攻克难关，登上新的高度。自信使人进步，使人发愤，使人走向成功。

有这样一个故事，有个人拖着沉甸甸的板车疲惫不堪地来到山脚下，望着前面那一段长长的上坡路，他不禁望而却步，心想：今天靠自己绝对是拉不上去了。正在为难之际，一位热心的过路人对他说："我来帮你！"说着，便利索地卷起袖子拉开一副推车的架势。见有人帮忙，拉车人心里有了底，自然也就有了信心。于是，在热心人"加油，加油"的鼓励声中，将车子拉到了山顶。当他感谢热心人鼎力相助时，没想到那个人却说："这两天我的腰扭伤了，根本就不能用劲，只是喊喊'加油'而已。"

　　世界著名重量级拳王乔·佛雷沙在每一次比赛前，都要在天花板上贴上书有"噢！我一定能赢！"的大纸条。他说："在坚信自己绝对能胜后，即使比赛时受到对方的重击，只要脑海里浮现出这几个字，就会爆发出不可思议的力量来，帮助我击倒对方。"

　　可见，自信是成功的精神支柱，是成功的助力器。只要用心去翻翻那些成功人士的"档案"，就会发现，每个成功者都有自己成功的不同原因，但有一点是共同的——那就是自信！

主动应对
——谈青年官兵的心理调适

心理调适,指的是当一个人在遭到挫折或失败后,及时、自觉地改变或强化自己的人生奋斗目标、降低或强化自己的期望值,使自己的整个心理和行为活动适应于主、客观环境的变化,使自己的心理健康得到保证。自我心理调适以预防心理障碍、心理疾病的发生为主要目的,是心理调适的重要组成部分。

一、自我心理调适在生活中的作用

军人要保持心理健康必须学会自我心理调适。作为一种特殊的职业,军人承受着更多的心理压力。军营中紧张的作息、快节奏的生活、高强度的训练、严格的组织纪律性及远离家乡亲人的孤独感,都易让军人出现焦虑、烦躁等消极情绪,以至于引起各种生理、心理反应。心理问题的产生多来自于主、客观环境的变化,比如自身遭受伤害,或事业遇到挫折,或与新的环境产生冲突,但更重要的是个体的调适能力的强弱。当与新的环境发生冲突时,军人要及时调整自我认知,调整心理期望值,使自身适应环境的变化。当已经产生了心理问题,军人要迅速进行自我心理干预,改变不合理的认知与心理期望,使自己的心理恢复常态。

信息化局部战争条件下,军人心理问题呈现复杂化、多样化的趋势。据新华网报道,参加过伊拉克和阿富汗战争的美军士兵心理上存在严重问题。美国陆军所属的沃尔特·里德陆军研究所的研究人员通过对6200多名曾在伊拉克和阿富汗执行作战任务的陆军和海军陆战队士兵进行调查后发现,曾在伊拉克作战的士兵表现出精神不振、焦虑不安和心理混乱等症状的人数比率达17.1%,曾在阿富汗作战的士兵表现出同样症状的人数比率为11.2%,均显著高于参战前的9.3%。这项对曾在伊拉克作战的美军士兵心理健康首次进行的研究表明,遭到精神创伤后心理出现混乱症状的士兵人数上升尤其明显,这种症状与他们的作战经历如遭敌人射击、处理尸体、杀死敌人和自己认识的人被杀死等密切相关。这类士兵经常表现出幻觉、做噩梦、烦躁、失眠和注意力难以集中等症状。研究还表明，由于很多人担心被耻笑或影响前途，存在这类心理问题的士兵中只有40%的人曾寻求帮助。

在信息化作战条件下，军人心理问题不再是个别存在的问题，而是在广大参战人员中普遍存在的严重问题，是影响战斗力的重要因素。随着世界新军事变革和中国特色军事变革的深入，战争形式将进一步向信息化发展，信息对抗将更加剧烈，这将对军人的素质特别是心理素质提出了更高的要求，迫切需要军人具有相应的自我心理调适能力，以适应瞬息万变的战场情况。

在平时，自我心理调适影响着军人的学习训练成绩和生活质量；在战时，自我心理调适直接影响着战斗力，尤其是在激烈信息对抗条件下的信息化战争中更是如此。首先，信息化战争的破坏性和杀伤力极大，可以大面积摧毁各种建筑设施，造成大批人员伤亡，对人的生存和物质财富构成最直接和最严重的威胁，使军人产生强烈的恐惧情绪；其次，信息化战争有各种不确定的因素，作战行动的突然性和战场情况的瞬息万变，使人处于强烈而持久的紧张状态，导致军人出现各种心理反应；第三，信息化战争大迂回、大纵深的立体作战特征，跨时区、跨地域、全天候的连续作战，使参战人员承受高强度的心理负荷。因此，要想打赢未来的信息化战争，军人必须首先具备自我心理调适的能力，保持良好的心理素质和心理健康水平。

二、自我心理调适的常用方法

（一）宣泄调适方法

宣泄就是通过适当的途径将压抑的不良情绪释放出来。青年官兵面对心理压力时，可以选取适合自己、并且军营允许的方式，将工作、生活中的不良情绪宣泄出来，以减轻或消除心理压力。通常可以用以下方式进行合理宣泄。

（1）高声唱歌。放开喉咙高声唱那些平时自己最喜欢唱的，且唱得最好而又有气势的歌曲。

（2）放声呼喊。在不妨碍他人的情况下高声疾呼，吐出胸中的郁闷。

（3）哭出声来。研究表明，女性比男性更具有调节情绪的能力，原因就在于女性善于用各种方法宣泄，尤其是哭泣。哭泣可以缓解因各种压力导致的植物神经系统的紧张状态，可以调节内分泌系统，可以促进新陈代谢。

（4）文体活动。听音乐、读幽默故事、参加娱乐或体育活动均为宣泄的好方法。

除了以上几种方式以外，还有以下几种方式：一是倾诉。在人的一生中，应敞开心扉，多交朋友，拥有几个可以推心置腹谈心的朋友是非常重要的。当遇到心理问题时，向朋友尽情地倾诉心中的不快，可以减轻心理压力。二是书写。可以写日记、写信、写文章，甚至信手"涂鸦"，让不良情绪在字里行间得以化解。三是运动。可以去爬山、打球。体育锻炼有着多重功效，它能让人意志坚定、内心充实、身体健康、心情开朗。

（二）暗示调适方法

心理学研究证明，暗示作用对人的心理活动和行为具有显著的影响，语言可以引起或抑制人的心理和行为。自我暗示指通过有意识地将某种观念暗示给自己，从而对情绪和行为产生影响，是通过语言的刺激来纠正或改变人们某些行为或情绪状态的一种心理调适方法。长期处于烦恼或压抑的人，可以经常告诫自己要想开一些、快乐一些。自我暗示是靠思想、语言，对自己施加影响以达到心理卫生、心理预防和心理治疗的目的。通过自我暗示，可以调节自己的心境、感情、爱好、意志乃至工作能力，起到非常积极的作用。比如，面临紧张的考场，反复告诫自己"沉着、沉着"；在荣誉面前，自敲警钟"谦虚、谦虚"；在遭遇挫折时，安慰自己"要看到光明，要提高勇气"；当自己发怒时，提醒自己"不要发怒"等。

自我暗示法一般是用不出声的内部语言进行默念，它是一种积极的心理能量，是一种催人上进的"万灵药"，是聚合知识与财富的起点，是治疗失败的有效方法。学习自我暗示，需要坚强刚毅的意志，要对自我及自我暗示有坚定不移的信心，并在实践中进行锻炼，使自我暗示得到恰如其分的应用。

（三）放松调适方法

这是一种通过放松自己的躯体（身体）和精神（心理），降低交感神经的活动水平，减缓肌肉紧张，消除焦虑等主观状态而获得抗应激效果的自我心理调适方法。当人们面临挫折与冲突时，学会自我放松可远离消极情绪的困扰与伤害。如在思考时，出现过度紧张可用深呼吸来放松自己的躯体和精神。具体做法：深呼吸一口气，快速吐气放松（亦可用力深吸一口气，使之尽量进入腹部而不要停留于胸部，慢慢把气吐出），这样循环往复，直至过度紧张反应消失为止。此外，下面几种方法在放松调适中也经常用到：

（1）平卧。从上至下、从左至右分别使身体各部分肌肉紧张起来，然后再放松。做完之后，安静地松弛几分钟。

（2）洗热水澡，可使心身放松。

（3）在条件允许时，脱去衣服，做些户外运动如游泳，在沙滩或草地上奔跑，以获得一种解脱感。或者在快速行驶物上让新鲜空气扑面而来，或纵声喊叫、唱歌、大笑，在地上打滚，丢石头，爬树，忘记习俗的约束。

（4）闭目养神或听音乐。

三、提升心理调适能力的基本途径

（一）养成健康人生态度，提高自身心理素养

1. 建立良好的人际关系

每一个人都处在各种各样的社会关系网络中，良好的人际关系不仅体现着一个人的心理健康水平和社会适应能力，也影响到人的生活质量和事业的拓展。事实上，许多忧虑、烦恼就源自于交往障碍和人际关系不良。人与人之间的交往贵在主动和真诚，要学会交往沟通的技巧和方法，积极主动地去进行人际交往。在交往中要尊重他人，相互理解，平等相待，乐于助人，这样才能建立起自己广泛、和谐的人际关系网络。有了这个网络，就会产

生心理上的安全感、归宿感和充实感。良好的人际关系是工作效率的倍增剂，也是一个人干成事业、实现自身价值的基础。军人既处在军营这个大熔炉中，也处在社会这个复杂的大环境中。良好的人际关系不仅是保持心情愉悦的法宝，也是成就一番事业、实现自身价值的前提。

2. **培养广泛兴趣，丰富业余生活**

许多调查研究证实，广泛的兴趣爱好可以有效地丰富生活、陶冶情操、缓解心理压力。如，体育活动、太极拳、音乐疗法，女性还可以进行形体练习。此外，还可以通过下棋、唱歌、跳舞、溜冰、古诗词研习、阅读经典名著等方法充实自我，愉悦身心。书法练习也可以起到"随风潜入夜，润物细无声"的心理调节效果。

3. **养成健康生活方式**

生活方式是人为满足生存和发展需要而进行的全部生活实践的反映和概括，主要是指个人的生活习惯和特点。现代医学证明，不良的生活习惯引发的疾病已经成为威胁人类健康的头号杀手。军人要保持心理健康首先要养成适合于自己的健康的生活方式，为此要做到以下几点：第一，学习任务的安排要适当，避免压力过大和压力过小两种不良倾向。第二，要有合理的生活节奏。合理安排好学习、生活和娱乐，养成良好的作息习惯。第三，改变不良的生活习惯。在当代军人各种不良生活方式中，排在前四位的是熬夜、生活无规律、膳食结构不合理和吸烟。

4. **增强自我保健意识**

面对激烈的社会竞争，任何人都不可能做到浑然不觉、轻松自如。因此，要认识到适度的心理压力既是个体发展的动力，也是整个社会进步的源泉，但是要时常对自身的心理健康状况进行有效评估，防治出现压力过度。这就要求军人必须掌握一定的生理、心理健康知识和相关的一些自我评估方法，一旦出现异常，可以立即进行自我调节和控制。其次也可以向战友、同事和专业的心理工作者寻求帮助、指导，接受心理治疗或辅助药物治疗。

(二) 调节自身需要，优化需要结构

人的需要具有多样性和层次性。按起源分，有生理性需要与社会性需要；按对象分，有物质需要与精神需要；按品位分，有高尚的需要与低级庸俗的需要；按合理性分，有合理的需要与不合理的需要；按价值分，有有益的需要与无益的和有害的需要；按地位与作用分，有主导性需要与辅助性需要；按伸缩性分，有刚性需要与弹性需要。

一个人的需要的内容与需要的表现形式，可以在正确的世界观和人生观的指导下得到调整。因此，我们要自觉地抑制与排除那些低级庸俗的需要、无益的和有害的需要以及不合理的需要；有意识地培养和发展那些高尚的需要、有益的需要与合理的需要。这样就可净化心灵，升华精神，生长快乐。在人生的不同时期都有一些主导性需要，为了使这些主导性需要得到充分满足，辅助性需要应做出适当的让步或退位。

青年官兵还应学会正确地处理刚性需要与弹性需要的关系。刚性需要是指那些必须得到满足的、不可或缺的、没有伸缩性的需要；弹性需要是指那些从需要的内容到满足需要的方式以及满足的幅度上都有很大伸缩性的需要。例如，人要吃饭，必不可少，这是刚性需要；而吃什么样的饭菜，这就是弹性需要。又如，军人为了适应战争的需要，必须接受军事训练，这是刚性需要；至于练什么专业，是步兵、炮兵，还是坦克兵，这就是弹性需要。一个人的弹性需要受其主观能力与客观条件的制约，如果超越主客观条件硬是把弹性需要中的最高目标当作刚性需要去追求的话，必然会自寻烦恼和痛苦。

崇高的目标产生伟大的毅力。然而期望值太高，目标超过了客观条件和主观能力，实现的可能性很小，也会挫伤信心，带来烦恼和痛苦。心理学认为，快乐指数（n）= 实现值/期望值。当 n 大于 1 时，也就是实现值超过期望值的时候，人的情绪表现为快乐；n 越大，快乐的程度越高。当 n 小于 1 时，也就是实现值低于期望值的时候，人的情绪表现为失望与不快；n 越小，失望与不快的程度越大。因此，当我们碰到困难和挫折时，只要降低期望值，同样能保持快乐的心情。

（三）调整自我认知，克服惯性思维

军营的特殊环境要求我们必须雷厉风行，令行禁止。但在实际生活中，特别是在为人处世中一定要放弃绝对化要求。心理学认为，绝对化要求是一种不合理的信念，它是以自己的意愿为出发点来考虑问题，不顾主客观情况，忽视一切不确定的因素，超越现实的可能性，提出一些不切实际的绝对化要求，思维缺乏弹性。这种不合理的信念认为某一事物必定会发生或不会发生，通常与"必须""应该"这样的词连在一起。例如，"我必须成功""我必须考上军校""你应该对我好""你应该答应我"。这些要求一旦没有如愿，就会陷入悲观、苦恼和怨恨的心境。其实，这是唯意志论的表现。我们要懂得，客观规律是不以人的意志为转移的，事事如愿是不符合现实的。另外，每个人都有自己的思想、主张和个性，人家不可能无条件地服从你的意志，满足你的要求。

为了维持心理平衡，保持心理健康，我们在日常生活、学习、工作和人际交往中应改变以下7种不良的认知方式：

（1）极端思考——看问题好走极端，非此即彼，非好即坏，非白即黑，思想绝对化。

（2）任意推断——在根据不充分、理由不充足、事实不清楚的情况下匆忙或武断地下结论。

（3）过度引申——由一个偶然发生的事端，引出一般带规律性的结论，以一概十，以偏概全。

（4）无限夸大——发生了一件小小的不幸，就把它看做一件非常糟糕的大事。这种信念将会导致个体陷入严重不良的情绪状态中难以自拔。

（5）消极过滤——不能全面权衡事物的利弊。这种人往往不关注事物的积极面，而只是关注消极的一面，并且把消极面看得格外重。好像戴了一副特制的墨镜，把光明美好的东西过滤掉了，留下的尽是灰色阴暗的东西。

（6）惯性思维——用以往经历过的痛苦经验来推论当前发

生的事端，因噎废食。

（7）过分自责——有些事情明明不是自己的责任，却在内心深处愧疚不安，认为自己罪不可赦，自责自怨，自我折磨。

俗话说：人比人，气死人；比上不足，比下有余。有许多烦恼和痛苦都是在不正确的比较中产生的。我们往往只要改变一下心理参照系就会愁云散尽，红日高照。例如，考上士官学校的战士不要去比考上本科的，可以去比没有考上任何学校的考生，这样比就会获得安慰。卡耐基建议我们把看起来对我们好像是问题的事，去和那些情况比我们更糟糕的人的问题比。他引述了一首诗，"我因为没有鞋子，心里感到难过，当我走到街上，竟然看到一个没有脚的人"。

"横看成岭侧成峰，远近高低各不同"。看问题的角度不同，所看到的东西就不一样，由此而产生的心理感受也是大相径庭的。有一个故事讲到，几年前，电视台转播音乐大师梅达的音乐会，梅达出场前披挂了一个花环，当他上台起劲地指挥乐队时，花瓣纷纷落到脚下。一位女士喜悦地说："等他指挥完，他会站在一堆可爱的花瓣之中"。另一位男士有点忧伤地说："到完了的时候，他颈上只会挂着一根绳索"。两个人的视角不同，看到了截然不同的情景。女士看到的是"可爱的花瓣"，而男士看到的却是"一根绳索"。谁乐观，谁悲观，不是小葱拌豆腐一清二白吗？

在心理学理论中，归因是人们对他人或自己的行为原因做出的推测和解释，也就是由果推因。归因理论认为，人们对言行的不同归因会导致产生不同的情绪反应，如愤怒、内疚、自卑、欣慰、自信、感激等。如果一个人经常把自己的成功归因为外部因素、暂时性的和不稳定的因素，而把失败归因为内部因素（无能）、长期性和稳定的因素，就会形成自卑心理。假如一个职员挨了领导的批评把它归因为领导对他有意见，是恶意打击他，给他穿小鞋，那么他就会满腔怒气和焦虑不安；如果归因为这是领导的善意教育、帮助和关爱，他就会心存感激。

正确归因要求军人凡事应当多从正面去理解，多从光明面去看问题。很多事情,既可以从正面理解,也可以从反面理解。如果我们能够更多地从正面去理解生活中所发生的事情,就可以减少许多不必要的烦恼。有一句格言说得好,"生活中的风浪并无恶意,它只是要我们坚强些"。这就是从正面去解释生活的风浪,属利导思维,即将思维导向对自己身心健康有利的方面。

苦其心志
——谈青年官兵的军训心理

近年来,随着实战化训练要求的逐渐深化,军事训练的强度、难度和艰苦程度不断加大,焦虑、恐惧等训练中的心理问题也日益突出。如果这些训练中的心理问题得不到有效克服,将很容易引发训练伤,甚至影响部队的训练质量。

一、军事训练中官兵常见心理问题

(一)训练心理适应不良

军事训练心理适应不良是指参训军人在短时间内对环境的变化出现一系列心理不适应现象。其表现主要以情绪障碍为主,如抑郁、焦虑,有的人还出现不良行为和生理性问题,严重影响训练效果。诱发训练心理适应不良的原因,一是角色适应能力差,特别是面对班、排干部和老兵时表现出紧张、害怕、自卑、缺乏自信心等;二是自幼性格内向,易产生压抑、强迫等情绪倾向,与战友人际关系不协调,不敢或不愿主动交往;三是对新鲜事物接受能力差,面对全新的训练环境产生情绪压力,心理负担过重。

品行障碍在士兵的心理适应不良中也可能出现,表现为侵犯他人的权利或与年龄不相符的反社会常规的行为。如青年军人在遭遇挫折时有攻击性或非社会化行为。这里的攻击行为可以指向他人,也可以指向自身,表现为嘲笑、谩骂、殴人、毁物、自责、自伤等。另外,平时品行表现良好的士兵,当发生品行紊乱的适应性障碍时,会发生盗窃、说谎及各种违反纪律的事件。品行障碍的症状多在某种可以确认的生活事件之后发生,并且随生活事件的消除逐渐恢复正常。

(二)紧张与恐惧心理

随着各种高科技武器的投入使用及训练模式的改进,给参训军人判断情况、识别目标、操作武器等一系列活动提出了很高要求，必然会使一些官兵产生紧张、恐惧心理。

一是知觉型紧张和恐惧，也就是军事训练贴近实战，科目难度非常高，训练地域生疏，官兵由于不适应而产生心理紧张。

二是动机型紧张和恐惧，由于对训练目的不清晰，害怕流血而引起的心理紧张。

三是抑制型紧张和恐惧，由于个人应变能力差引起，遇到紧急情况不会处置造成心理紧张。

（三）消极怠慢心理

军事训练中，极少数官兵有消极怠慢的心理。表现为在工作中不积极主动，而是抱着一种与己关系不大，在行为上拖拉甚至不满的行为或心理。他们在表现上主要有以下几个特点：

一是他们在军事训练中表现不积极、干工作时总是想往后躲，推三阻四，得过且过，不思技法，不思战法，主观能动性得不到发挥。

二是喜欢发牢骚。具有消极怠慢心理的官兵，对于自己的行为没有正确的认识，表现出许多不自觉的行为，如经常在干工作时，牢骚怪话特别多，对于干得好的官兵还经常进行讽刺与挖苦，打击他人训练积极性，经过领导的教育、批评和指正之后，仍然不见好转，依旧我行我素，消极怠工，更有甚者还公开抵触领导。

三是工作中选轻避重。在工作选择上，总是选取轻的活干，而把重活推给他人，没有责任感，还常为自己的得意而感到高兴，对于军事训练中一些苦与累的科目，从来就是能避就避，不能避的勉强而为之，也是敷衍了事。

这部分人在参训人员中虽然只占极少数，但对整个训练产生的负面影响较大，不可等闲视之。

（四）心理疲劳

在军事训练中，由于训练的强度、任务的难度、持续的时间等诸多因素的影响，都可能造成参训官兵在训练中出现心理疲劳现象。心理疲劳不像生理疲劳那样显露，它是潜存的、隐性的。所谓心理疲劳，是指在军事训练中，一些官兵出现思维迟钝、认知力下降、注意力不集中、意志力减弱、反应缓慢、手脑协调性差等现象，尤其是情绪烦躁、焦虑厌倦、百无聊赖等等。这些现象就是典型的"心理疲劳"症状。这些症状不是由体能消耗引起的，而是由心理因素所致。

一是对军事训练的意义认识不足，练兵动力不够。有的青年官兵虽身在军营，身着戎装，但却对军队和军人的职责缺乏深刻的理解，"当兵打仗"的意识树得不牢，尤其是对和平时期战争的威胁缺乏紧迫感，致使对军事训练不感兴趣，缺乏主动性、积极性。

二是入伍动机不端正，厌倦训练。有的人参军入伍掺杂其他目的，如希望学技术、考军校、为就业创造条件、见世面等等。当从事的学习训练内容与自己目的发生冲突时，个人的需求得不到满足，就激发不起自己的兴趣，导致学习训练内动力减弱，引发心理疲劳。

三是自身素质低、训练组织不力，诱发畏难情绪。有的战士由于文化底子薄，理论水平低，接受能力差，对军事训练感觉吃力，从而产生畏难情绪；有的组织者对军事训练内容、进度安排不科学，造成战士对所学内容难以消化，使他们对学习训练知难而退；有的组织者教学简单生硬，方法机械重复，使战士失去兴趣而产生心理疲劳。

二、正确看待军事训练中出现的心理问题

伴随着中国特色军事变革的不断深化、军事斗争准备的基点向打赢信息化条件下局部战争转变，军事训练领域深刻变革、创新发展，信息化特征十分突出，一些新、难、险课目明显增多，训练要求非常高，由此产生的"畏难心理""苦累心理""紧张心理"等不良心理问题日益突出。

（一）军事训练中出现心理问题是一种正常现象

军事训练是提高部队战斗力的根本途径，是军队履行职能的重要保证，是军事斗争准备的关键环节。不同的历史时期，军事训练都有不同的形式和内容，近年来，各种高新技术越来越广泛

地运用到了现代军事领域之中,军事训练的形式和内容不断革新发展,对军人的心理素质提出了一系列新的更高要求。

军人作为社会群体的组成部分,除了承受和普通人群相同的心理压力外,履行军事职能所必需的训练、严明的纪律、紧张的工作节奏、封闭而单调的生活环境,以及随时准备担负作战任务和急难险重任务的职业要求,决定了军人群体较其他群体更容易产生身心疲劳,继而发生心理问题。加上军队改革的不断深入,兵源结构和成分发生新的变化,独生子女、地方大学生干部和士兵、直招士官数量明显增多,他们富有个性、自主性强,面对部队的严格管理、繁重任务和艰苦环境,以及社会复杂环境的诱惑,往往容易产生心理落差,引发心理问题。

(二)出现心理问题的原因

1. 客观原因

(1)训练科技含量高难度大。新形势下的军事训练紧贴使命任务要求,增加了大量信息化条件下训练课题,给军事训练内容注入了新的时代元素和科技含量。越来越多的新军事技术在武器装备上得到广泛应用,作战训练正从"人力制胜""数量制胜""火力制胜"向"科技制胜""电子制胜""信息制胜"转变,形势和任务迫切要求我们必须突破传统的训练模式、僵化的思维定势和陈旧的经验做法,自觉从信息主导出发、从电磁空间出发,确立与使命任务、本职岗位、成长成才相适应的思维眼界,掌握打赢信息化条件下局部战争的必备信息素质。

(2)训练时间紧任务重强度大。新形势下的军事训练转换频繁、节奏快,复杂电磁环境下训练、夜间训练和海上训练比重不断加大,强调武器装备极限性能训练、远程机动训练和复杂生疏地形上练兵,特别是对担负全训任务的各兵种专业分队,《训练大纲》中明确,每月至少安排2次强化训练,每次连续训练时间不少于12个小时,野外驻训时间每年不少于4个月,军事训练的总体要求和难度强度明显提高。再加上迎接上级检查、担负试点任务等一些大的活动,基层的官兵一直就在任务之中连轴转,休息得不到很好的保证。

（3）训练实战化程度高危险性大。新形势下的军事训练着眼实战要求，突出不同层次的对抗训练，强调在近似实战的环境下训练。近年来，各级在训练中按照虚实结合、模拟逼真的原则，突出把战场情况设置逼真，海上训练、实车实弹实爆实投等标准要求高、危险性大的课目训练也逐渐成为常态，而这些训练对官兵的每一个动作都有较高的要求，稍有不慎，一个极微小的失误，就有可能造成装备的严重损坏，严重的还可能导致人员的伤亡。长时间处在这种高度紧张的环境之下，体力和精力的消耗比平时要大得多。

2. 主观原因

（1）早期经验与家庭环境的影响。人由童年到少年再到青年，其所经历的个体生活早期经验对心理的发展起着十分重要的作用，而个体早期经验的获得又与家庭教育和生活环境密切相关。单亲和离异家庭成长的青年，其心理发展缺乏父爱或母爱，必然造成其心理问题的隐患；独生子女从小无忧无虑地生活，饭来张口，衣来伸手，享有"小太阳"的家庭中心地位，到部队后，生活环境发生巨大的改变，他们的心理成熟跟不上环境的变化，在个性发展方面，存在着明显的心理缺陷。国内外很多心理学家对心理障碍者早期家庭关系的调查研究表明：他们的父母与正常个体的父母相比，表现出较少的情感温暖，较多的拒绝态度，或者较多的过度保护或过度的惩罚。

（2）心理发展过程中生活事件的影响。生活事件是指人们在日常生活中遇到的各种各样的引起心理压力的事件。人在心理发展过程中如果遇到的生活事件频率多而且程度重，则会增加个体适应环境的压力。青年军人由于处理不好学习训练问题，如考核失败，成绩不好；处理不好人际关系，如战友之间、上下级之间不融洽；当兵后感到军地生活环境的反差大、不适应等，都会作为生活事件而影响心理平衡产生心理问题。

（3）特殊的人格特征的影响。心理学认为，每个人都有自己独特的人格特征，它对人的心理健康有非常明显的影响。同样的心理致病因素作用于不同人格特征的人，可以出现非常不同的结果。由于人们总是依赖其人格特征来体验各种应激因素，并建立对紧张性刺激的反应方式，特殊的人格特征往往成为导致心理问题的内在因素之一。

（4）生活事件对应方式的影响。当人们面对生活事件的压力时，自然会采用一定的方法来应付，缓解环境的压力。应对方式可分为四种：一是策略控制型，即个体通过发挥自己的主观能力，有策略地控制、处理事件，消除环境压力；二是随机处理型，即没有准备地、随着压力的出现而纯粹应付性地处理遇到的事件；三是回避型，即对压力事件总是采取逃避、回避方式来对待；四是依赖寻求型，即在遇到压力性事件时，依靠家人、朋友来处理和应付。青年军人面对生活事件的压力时，如果采取的是策略控制型和随机处理型的应对方式，就能顺利适应生活事件给心理造成的压力；如果采取的是回避型和依赖寻求型的应对方式，则会造成生活事件给心理压力的不可解脱的困扰，久而久之，就会产生心理问题。

三、克服军事训练中心理问题的方法

（一）改进训练方法，注意因人而异

根据官兵文化基础、能力、体质不同，区分层次，划分若干小组，确定相应的训练方法及进度，确立既满足学习训练大纲的要求又符合其实际水平的训练强度和难度。这样，既让能力强的"吃得饱"，又让能力弱的"吃得消"，不搞一刀切。在军事训练的具体实施过程中，遵照循序渐进的原则，科学组织学习训练，逐步加大难度、强度。还要善于利用信息反馈强化练习。研究结果表明，来自学习结果的种种信息，不仅对人的学习方式的改进具有调节功能，而且对学习动机具有激励作用。因此，要让官兵能够及时了解训练的成绩，并创设一定的条件让他们自己一边学习一边了解学习的结果。这不仅可以进一步激发起训练的积极性，而且可以按照反馈的信息及时纠正和调节自己的动作，提高训练效率。进行训练信息反馈的最有效的方法是考核和讲评。信息反馈一定要及时，及时的反馈利用了刚刚留下的鲜明的记忆表

象，使官兵进一步产生和改进学习愿望。

（二）重视情商，培养提高战斗力

情商，就是情绪商数，是评价人的情绪智力发展水平高低的一项指标，包括人的乐观程度、理解力、控制力、适应能力等因素。心理学研究表明：在现代社会中，获得事业的成功，只有20%取决于智力因素，而80%取决于非智力因素——情商。其内涵可以概括为两个方面，一是对自身能做到正确认知，能妥善管理自身情绪并善于自我激励；二是能做到认知他人情绪并善于建立和谐人际关系。

加强情商培养，一是可以提高军人心理承受能力，在军事训练中，可以帮助军人正确支配和调节自身的行动，保持积极心理状态，不断克服各种困难；还可培养军人顽强的战斗精神和意志品质，缓解现代高技术战争对军人情感的强烈刺激以及他们的体力消耗和心理压力。二是可以稳定军人作战情绪。现代高技术战争中，随着大量高性能探测装备器材的广泛使用，战场的透明度极大增强，目标的隐蔽伪装困难，被打击被摧毁概率增大，侦察与反侦察、摧毁与反摧毁斗争将十分激烈，军人将在恶劣环境中作战，他们的神经始终处于极度紧张的状态之中，这些都对军人作战情绪造成巨大的影响。三是可以保持军人作战状态。情商不高的军人情绪容易产生波动和松懈，致使作战状态低迷，直接影响作战能力。四是有利于促进部队整体作战能力的提高。高情商的战斗团体，成员之间往往具有较强的亲和力和凝聚力，团队显示出高涨的士气和高昂的战斗精神。

提高军人情商的途径。一是全面普及情商理论知识。通过引导官兵阅读书籍、讨论交流、学习研究等途径进行学习情商理论知识，提高对加强情商培养重要性和必要性的认识。二是加强战士日常培训。着重教会战士运用放松技巧、头脑想象和自我暗示等各种心理调控手段，有效缓解自己的紧张情绪。

（三）开展心理行为训练

心理行为训练可以追溯到二战时期，当时英国的商务船队经常受到德军的袭击，很多船员都沉入海底，但是不管情势多么危急恶劣，总有小部分人能活下来，后来有人就对这部分幸存下来的船员进行了研究，发现这部分人都是年轻力壮、有经验、有强烈的求生欲望的人，而且这些人都是三五成群活下来的。德国教育家汉斯等人受启发在1942年创立了"阿伯德威海上学校"，通过模拟海上遇难情境，旨在"训练年轻的英国海员在海上的生存能力和生存技巧，训练他们的求生意识"。

二战后，人们发现在工业化的社会里，竞争空前激烈，很多人精神压抑、情绪焦躁，于是训练对象由海员逐渐扩大到军人、学生、工商人员等，成为体验式教学法的先导。西方的心理行为训练的作用也随着社会的需求发生了变化，不仅仅用于体验和培养健康的心理品质，还用于辅导行为偏差和残疾人心理修复，发展得非常科学化、系统化，它所用的器具、培训用具、相关教材、项目书和磁带光盘等都有专卖，而且已经从教育培训中独立出来成为一种新型的培训体系。

军人心理行为训练，是指以特定的心理特征为目标，通过创设一定的情境，借助多种刺激手段，对人的生理、心理有意识地施加影响，使人的生理、心理状态发生变化，并通过控制使其达到最适宜的程度，借以提高心理效率和社会功能，增强身心健康。

军人心理行为训练的三个核心理念是：体验激发情感、行为改变认知、习惯积淀品质。体验激发情感，是根据所要增强的心理素质设置一定的训练情境和内容，让参训者在特定的情境训练中感受认知、情绪等心理及行为上的变化。行为改变认知，是指在心理行为训练过程中，心理行为训练者对参加官兵进行相应的认知调整，并在训练结束时做总结性点评，使心理行为训练上升到认知改变的层面。习惯积淀品质，是指通过反复训练，使参训者形成良好的认知模式和行为应对模式，最终积淀并形成军人必需的心理品质。通过习惯积淀能够形成品质，是因为品质是内化了的习惯，而习惯是外化了的品质。

乘法口诀的手指体验

双手掌心向外,十指分开向上,分别从右手的小指开始每次弯曲一个手指,依次是右手的无名指、中指、食指、拇指,然后是左手的拇指,如此下去。将弯曲手指的右侧定位"十位数",弯曲手指的左侧是"个位数",手指表示的结果正好依次是乘法口诀数字"9"的倍数。

通过这个体验项目,让参训者体会"做"的学习方法与"灌输"式学习的差异。

(四)开展自我心理保健,提高自我保健能力

自我心理保健是在自我心理保健的理论指导下,通过自己的努力,采取有效可行的方式和方法,及时解决日常心理问题,矫正心理异常,从而维护和达到心理健康的过程。自我心理健康是一种能力,主要来自实际生活的学习和自我锻炼,新时期的部队军事训练对官兵的心理健康素质提出了新的要求,只有把自我心理保健当做心理健康的能力,才能自我控制军事训练中出现的不良心理问题。

一是自知,即对自身的心理素质、性格特征,尤其是心理上的缺陷有深刻的了解,做到做自己的主人,观察自己,管理自己,控制自己,在觉察自己有心理异常的时候,通过自身调节,消除不良心理。

二是宣泄。宣泄是一种释放,其作用在于把压抑在心里的愤怒、憎恨、忧愁、悲伤、焦虑、痛苦、烦恼等各种消极情绪加以排解,消除不良心理,得到精神解脱。宣泄是摆脱恶劣心境的必要手段,它可以强化人们战胜困难的信心和勇气。心理问题宜疏不宜堵,当出现心理问题时,应利用或创造某种条件、情境,以合理的方式把压抑的情绪倾诉和表达出来,以减轻或消除心理压力,稳定思想情绪。

【小资料】

怎么看待军营心理宣泄室

（1）治疗效果难以持久。心理宣泄是一种针对心理问题的治疗方法，不能作为训练正常人排遣压力的手段。人们出现心理压力和问题的原因是多方面的，即使是进行心理治疗，也先要对来治疗者的心理问题进行识别、评估，判定他适合用哪种治疗方法，如果需要心理宣泄治疗，还要选择进行何种宣泄，如倾吐、哭泣还是击打发泄等。只有对那些自己没有好的宣泄途径、临时建立又来不及的人，才会让他们进行打沙袋、打橡皮人等所谓"暴力宣泄"。同时这也只对缓解一时的情绪有效，不能真正解决引起不良情绪的问题，是治标不治本。就像即将注满水的水池，开闸放水能解一时之困，但根本的办法还是要关上水龙头。针对官兵的不良情绪和过大压力要给予积极的心理辅导，使之建立自己的排遣压力的疏导途径，这才是治本的长久之策。

（2）容易产生逃避心理。单纯地依靠心理宣泄室的心理"发泄"，不仅治疗的效果难以持久，而且也会使其一遇到问题就容易放弃合理解决，而直接选择心理宣泄的方式，这种依赖性必然导致部分官兵产生逃避现实、逃避问题的心理。从心理疏导中认知法的应用，我们也可以知道出现压抑心理的原因是多方面的，因此心理治疗方法也应因人而异，对症下药，并非一个"心理宣泄室"简单发泄一通就万事大吉。

（3）容易造成恶性循环。以周围的人和事进行宣泄，会影响集体的氛围。军营里设立心理宣泄室，配置宣泄皮人、放松球等，即使领导自愿把画像贴在橡皮人上让官兵宣泄情绪，虽是用心良苦，也觉不妥，军人之间的关系并非像日本企业中老板与下属劳资对立的关系，而是一种平等的同志关系，不必非通过打橡皮人来宣泄心中的不满。

三是求助。就是发生心理危机时，借助社会支持系统，如向父母、战友、领导等倾诉，及时摆脱危机。

四是身心放松。压力驱使身体机能逼向其极限，造成心理紧张，而适当放松有利于缓解紧张心理。个人压力放松技巧在新兵阶段就应进行培训。在正常军事训练中，可以对军人天天进行压力放松训练，3～4周后，即使在压力强度很高的环境下，大部分人都可以迅速、轻而易举地得到自我心理调适。他们能够自然地控制反胃、心跳加速、血压上升和紧张情绪。

压力放松技巧包括深呼吸、肌肉放松和认知训练。深呼吸简单易学，而后者需要长期训练和实践。根据需要，心理疏导小组将会提供指导和帮助。

深呼吸要求要轻缓地深吸，使得胸腹扩张，屏气2～5秒，再缓慢、完全地呼出废气。做的时候，头脑里面排除杂念。腹式呼吸对缓解压力尤其有效，当某项任务需要注意力高度集中时，可以同时辅以腹式呼吸。

肌肉放松训练更为复杂。通常包括对不同肌肉群集中注意力，四肢紧张、放松练习来使整个身体得到放松。实践中的快速方法是，同时收紧全身肌肉，坚持15秒以上，然后放松，抖动全身。深度放松的方法是，从头至脚或从脚至头，依次进行收紧、放松练习，同时注意放松时身体相应部分是否发热。

认知训练包括自我暗示（积极性的自言自语）、想象（想象自己完全融入放松的状态）、预演（想象自己在压力环境下从事紧张、关键性任务，并完成得很出色）、沉思（排除杂念，把注意力集中在呼吸上，默默重复某一单词或短语）。这些技巧能够产生积极性心理印象，降低紧张环境的影响，引导注意力集中，摆脱心理压力。要鼓励军人多用心理自我调适技能，并相互交流经验。

（五）搞好心理疾病防治，确保身心健康

心理问题是由多种因素造成的，解决心理问题也需要多种途径。因此，要坚持从预防心理问题、防治心理疾患的客观需要出发，积极改善环境条件，实施多渠道、多途径立体交叉的防治措施。

1. 搞好心理测试

心理测试作为掌握心理素质状况的有效手段，必须作为一项制度广泛运用于心理工作实践中，这对我们掌握心理健康提供了参考依据，只要以平和的心态看待测试，及时搞好调整，就可以掌握预防心理问题的主动权。

2. 加强心理咨询

心理咨询是解决心理问题或心理疾患最直接最有效的手段。现在，团以上部队都有专业的心理咨询室，给我们袒露心扉、放心交流提供了良好的环境，当感到有不良情绪存在的时候，我们都可以主动积极地咨询求诊，听取意见建议，从而有效放松心情，搞好精神调节。

3. 优化心理健康环境

生活环境对心理健康有着重要的影响，和谐的工作生活圈让人身心愉悦，反之则易出现心理问题。我们要主动营造相互尊重、相互理解、团结互助的浓厚氛围，让心理得到调节、身体得到休息，情操得到陶冶。

有位哲人曾说过：人生不能无梦。这个"梦"，指的是人生理想。无梦则无望，无望则无成，生活也就没有兴趣。当战友们对军事训练感到烦躁时，一定要努力寻找新的"梦"，也就是新的兴趣支撑点，以此来不断激发自己搞好学习训练的热情。比如，想一想临行前父母的嘱托、亲人的期盼，想一想取得进步时领导的鼓励和表扬，想一想有朝一日荣归故里父老乡亲羡慕的眼神等等，用这些来不断激发自己搞好学习训练的热情，以昂扬的斗志面对训练中遇到的困难。

砺胆激气
——谈青年官兵的心理训练

习主席在全军政治工作会议上明确提出,要适应强军目标,着力培养有灵魂、有本事、有血性、有品德的新一代革命军人。有血性,是强军兴军进程中我军官兵应当具备的精神特质。军人的血性表现为胸怀不辱使命的强烈担当,保持坚忍不拔的顽强意志,坚定不畏强敌的必胜信念,发扬视死如归的献身精神。要培养军人的英雄血性,有计划地开展心理素质训练必不可少。

良好的心理素质是通过长期的心理训练而来的。心理训练的方法很多,既有结合部队教育训练进行的一般性心理训练,也有借助专门的器材手段进行的专业性心理训练,还有根据特定岗位和作战任务的要求进行的特殊性心理训练。某特种作战部队,军官队伍100%经过军事院校严格培训,90%以上拥有大学文凭,经过严格的体能训练、智能训练和心理训练,先后培养出800多名能够驾机降伞、飞车操舟、潜水入海的全天候、全方位的战术骨干。该部战士在服役期间,除要完成陆军部队一般训练科目外,还要涉及60多个海、空军训练科目。按照一兵多用、一专多能的训练计划,每个士兵需进行半年以上的跨专业训练,大部分士兵实现了轻武器射击、擒拿格斗、跳伞、潜渡等多项全能。在与外军同场竞技时,外军不得不对这支部队官兵的综合素质尤其是心理素质佩服不已。根据我军心理训练的成功经验,参照外军开展心理训练的有关做法,着眼于部队能够推广使用,主要介绍以下几种一般性的心理训练方法。

一、情境体验训练法

习主席反复告诫,没有血性的人不配做军人,没有血性的军队就没有战斗力。我军30多年没有打过仗了,一些官兵只看到世界相对和平的表象,没看到和平背后隐藏的危机,谋战思战备战意识弱化,生活味有余,硝烟味不足。一些官兵从家门入校门进营门，缺乏艰苦环境的磨练，心理承受能力较差，"骄娇"二气有余，胆气士气不足。还有的受社会不良思想影响，价值取向和行为方式出现偏差，艰苦奋斗、牺牲奉献的精神淡化，崇尚荣誉、争当英雄的观念淡漠。所有这些都警示我们：砺胆激气一刻都不能放松。

心理学研究表明，人脑对刺激的适应程度是随着人的实践而变化的。要达到适应各种复杂的环境目的，就要紧密结合未来信息化战争中参战官兵心理变化的特点，有目的、有针对性地进行各种复杂情况下心理适应性训练，使其熟悉高技术条件下战场上可能出现的各种刺激因素，掌握当各种刺激袭来时克服和减轻心理负荷的方法，保持心理平衡，为有效地抵御包括高技术武器威慑在内的心理冲击，赢得未来战争的胜利奠定良好的心理基础。实施情境体验训练的形式很多，主要应运用好以下两种：

一是模拟实战场景。战场环境模拟，是在战术训练中广泛运用光、声、烟、电的效果，较真实地渲染战场气氛，模拟近似实战的战场环境，使受训官兵如身临战场实境，体验战斗情景，心理素质得到较大的提高。未来信息化条件下的战场，高技术武器装备除具有直接的杀伤破坏作用之外，常都是以声、光、形、波等手段，制造出种种光怪陆离、骇人听闻、悲凄惨烈的战场景象，以给对方巨大的心理刺激和震撼，使其产生强烈的恐惧心理而放弃抵抗。

技能：夜间导航得第一

出国前，我们（某特种作战部队官兵，下同）进行过多次野外生存演练，每次演练时间三四个昼夜，每次都是30公里穿林和划舟、山地攀登等课目连贯，所以，在各项技能方面，没有感到太吃力。

最困难的是夜间导航。在野外，没有明显的标志性建筑可供参考，判断方向和距离非常重要。而此次联训地域在南半球，地理自然环境差异较大，尤其在夜间方向辨别时，我们是靠北极星，而南半球是靠南十字星。因为在国内无法找到南十字星，所以如何在南半球观星、识图、用图，成了一个全新的课题。

那天，按照联训计划，我们进行夜间导航课目考核，半夜开始。首先打乱编组，每个国家出1名队员组成1个3人小组．然后用装甲车拉到一片陌生丛林，考核内容是每个小组找6个目标，而且必须每人找两个。

轮到我带队了，根据考核要求，我要找的目标在站立点南偏东30度方向300米距离处。我先找到南十字星，然后手心向下，把手放平，张开四指，食指和小指的夹角就是15度，再把手翻过来，又一个15度，南偏东30度方向就定准了。接着，我用纸折出来的罗盘印证了一下，方向基本正确。我选定天幕上一个"三角"状的星座作为参照，靠步测来确定距离。根据平时训练经验，我正常走120步到125步就是100米，300米要走360步到370步。瞄着"三角"星座，数着步数，我带着另外两名队员穿越丛林，到367步的时候，看到了目标：一张写着"Victory"单词的白纸。如法炮制，我找到了第二个目标，一面红色小旗子。

第二天早上，教员宣布成绩时才知道，我们小组得了第一名。奖励是在联训结束后，乘坐直升机玩滑降。人站在机场，直升机飞临头顶时，放一根绳子下来，我们顺着绳子爬上来，直升机在空中兜一圈，然后再把我们放下来，连续两次。虽然奖励方式比较独特，但确实很开心！

二是运用实战演练。单纯通过模拟实战的表面景象固然能够训练官兵的心理承受能力，但近似实战的演练情境更有利于增强官兵的心理适应能力。美国空军通过研究20世纪80年代以来世界上7次典型的空袭作战后得出如下结论：只有通过酷似实战的训练，才能适应高技术战争的需要，并把这一结论作为以后的训练指导方针。在军事斗争准备时期，组织官兵进行近似实战的对抗性演练，是提高军人心理适应能力的最佳途径。组织实兵演练，一定要创造出近于实战的心理环境。可以结合部队的实际任务搞真枪实弹的演练，通过战斗射击、应用爆破、穿越雷场、综合对抗等各种实战性演习，使官兵的心理得到锻炼。

提高近似实战的演练效果，在情况的设置上要注重突出三个方面的因素：第一，逼真性。如派飞机在参演部队附近的空中俯冲投弹、发射火箭，在沿途散布一些血淋淋的人体残肢模型等，让官兵产生亲临现场之感，从而能够体验到战时心理状态，增强对严峻战斗情况刺激的心理适应性。第二，突发性。如设置多种不确定的战场因素，使训练充满变数。使官兵在信息不畅、情报不足、时间紧迫的情况下保持头脑清醒，克制焦躁情绪，提高心理应变能力。第三，反常性。如设置一些不合常理的情境让官兵处理，使官兵逐渐适应心理干扰条件下处置遇到的情况。另外，还要注重选择生疏的地形、恶劣的气候等，以增强官兵的生理适应性和心理耐力，最大限度地提高官兵克服困难的能力。

二、挑战极限训练法

挑战极限训练法，就是设置险恶、危险的场景或条件，让官兵挑战自身的生理与心理极限，激发潜能的心理训练方法。敢于挑战自我，进行合理的冒险，是军人应当具备的基本心理品质。未来信息化战争，作战环境险恶，作战条件异常艰苦，往往要求军人突破生理极限去承受战斗强度和战场压力，参战官兵的体能与心理承受力和耐受力都面临严峻的考验。

军人历来与苦累相伴，与艰险相随。不怕苦累、不畏艰险，愈难愈勇、愈挫愈奋，是对军人意志作风的基本要求，是完成任务不可或缺的重要支撑。自古军旅多艰险，从来为武少安闲。我军历来有不畏艰险、攻坚克难的好传统好作风，一部人民军队的成长发展史就是一部迎难而上、征服困难的历史。在相对和平的环境中，我军始终面临精神懈怠危险，一些官兵容易滋生松懈麻痹思想，特别是现在基层官兵大都是80后、90后出生，许多是独生子女，有的存在"骄娇二气"。必须发扬艰苦奋斗精神，自觉培养吃苦耐劳、以苦为乐的意志品质，在艰苦环境中经受磨砺、锻炼成长。

一是挑战生理极限训练。就是运用恶劣的自然条件，创设艰难险恶的困境，以此来磨练军人的意志，增强官兵的生理适应能力和心理耐受能力的训练。野战生存训练是挑战生理极限训练常用的方式。目前，世界许多国家的军队都十分重视提高军人野战生存能力，把军人置于野外严酷环境，让其解决"生存"的问题，作为锻造过硬心身素质的有效手段。近年，我军部队到险恶的环境训练，在毫无外援的情况下，让官兵独自一人或几人在丛林地区、热带沙漠、海中孤岛、高山雪原等地艰苦求生，经受严寒酷暑、饥饿干渴、疾病恐惧和野兽袭击等各种困难的考验，学会生存本领，从而适应未来战场上的任何陌生和险恶环境，将战场上由环境而产生的心理恐惧降低到最小程度。

熔炉炼纯钢，磨砺生斗志。血性十足的官兵是训练出来的，英勇善战的部队是打出来的。只有多用"两不怕"精神熏陶，多在艰苦环境里磨砺，多在复杂条件中锻造，多在实战氛围中锤炼，才能让新一代革命军人平时忘我、战时忘死，确保出剑之时令敌人不寒而栗，亮剑杀敌所向披靡。

险境：鳄鱼死死盯着你

我们野战生存的地点设在澳大利亚最北端的利奇菲尔德训练场，那里风景秀丽但却危机四伏，凡是有水的地方就有鳄鱼。据说，澳大利亚本地人每年死于鳄鱼攻击的就达数十人。凶猛的鳄鱼四处游弋，其牙齿的咬合能力达到几吨，令人闻之色变。可是，在中外军队综合演练阶段，为了战胜饥饿，我和战友主动到鳄鱼出没的河边去钓鱼。鳄鱼在四五米远的地方死死盯着我们，一眼望过去就能看到七八条。中国军人的胆量，令外国队员刮目相看。

原始丛林中的酷热让人近乎崩溃。15天里只有1天晚上飘了几滴小雨，其余时间全部是艳阳高照，紫外线异常强烈，一露头马上感到皮肤发烫。由于长期不下雨，地面全是干的，轻轻走过，也会带起很多灰尘。联合训练阶段，为了保存体力，防止汗液流失，从上午10时到下午3时，我们基本不敢活动。综合演练中，因为酷热难熬，澳美队员出现了急躁、懒散、埋怨等情绪，但我方队员始终"把吃苦当吃补"，保持着昂扬斗志，团结协作，并主动承担了狩猎、钻木取火、搭建庇护所等任务，在近似实战的环境里得到摔打锻炼，赢得了尊重和钦佩。

二是挑战心理极限的训练。就是创设困难情境，让官兵尽可能全面地体验到认知、情感、意志和能力等多方面的困难，从而激发心理潜能，提高心理承受能力、适应能力和随机应变能力。训练中要有意识地持续加大心理压力的因素，让官兵心理上承受最大的负荷，体验困难情况下的强烈心理感受，在自我挑战中提升心理品质。为此，应设置复杂多变的情况，制造认知障碍，促使其突破原有的思维模式，提高认知水平；设置危险恐怖的情景，实施各种刺激，促使其增加心理容量，保持心理稳定；设置强度超常的科目，增加行动困难，促使其挖掘心理潜力，提高克服困难的自信心。根据我军经验，当经历过二至三次这样的训练后，96%的士兵可减少消极反应心理，只有少数人需要再进行一些补充训练，逐渐地提高心理承受力。

挑战心理极限训练是培养视死如归献身精神的保证。慷慨赴疆场，视死忽如归。除了胜利一无所求，为了胜利一无所惜，是革命军人血性胆气的最高境界。军人职业始终面对生死考验，对待生死的根本态度，最能彰显信仰追求、体现精神境界、检验气节品质。革命军人为祖国、为人民、为集体、为战友牺牲生命，无上光荣、重于泰山。信息化战争更加残酷激烈，执行急难险重任务也常有流血牺牲，平时训练值勤也与危险相伴，不怕牺牲始终是军人履行使命、完成任务的强大精神力量。必须树立正确的生死观，强化为国家为民族个人生死何所惧的信念。军人最大的荣誉是在英勇无畏战斗中得到的，军人至高无上的忠诚是在勇于牺牲、奉献中体现的。在人民生命财产安全受到威胁时，临危不惧、挺身而出、决不退缩。在国家安全和统一受到侵害时，衔命出征、冲锋陷阵，生命不熄战斗不止。面对敌人威逼利诱，铁骨铮铮、大义凛然、誓死不屈，坚守革命军人气节。

饥饿：5天瘦了24斤

野外生存训练中最大的苦难就是缺乏食物和盐分。在综合演练阶段，我们每10人分为一组，每人只发一把砍刀、一个水壶，并且不准带任何食物、水、火种或者渔具，目标是生存5天5夜。本来每人还有一个求生盒，里面有打火石、铁丝、鱼钩、净水片等可用，但为了提高难度，求生盒也被没收了，没有国内拉练时常用的米袋、压缩干粮，澳大利亚丛林中连我们常见的野菜也没有，唯一可食的植物是棕榈树的树心。味道有点苦，像木头一样，但在极度饥饿的情况下，大家还是愿意花20分钟时间去砍棕榈树，剥开树皮，最后才能获得一小块树心来充饥。

还有一种比较容易获得的食物是蚂蚁，手放在地上，绿色的蚂蚁会顺着爬到手上，趁势把蚂蚁吃进嘴里。不过蚂蚁会咬舌头，比较疼，所以要先把它咬死再咽下去。还有一种食物就是水里的鱼，但要防范鳄鱼的攻击。5天时间我们小组钓到3条鱼，10个人平均每人只有一小块，吃了作用不大，即使这样，大家也像过节一样高兴。

因为没有盐分摄入，联训第二天就感到浑身没劲，连拳头都握不起来，走路也感觉脚底不稳。记得第一天砍棕榈树不用10刀就可以砍倒一棵，可后来越来越吃力，要砍30刀才行。精神上的高度紧张和身体缺乏食物和盐，加上恶劣的生存环境，让我把20多年来看过的、能吃的东西都想了一遍，最后一天甚至出现了幻觉，也没办法阻止"减肥"。联训结束后，我们称了一下体重：平均每人瘦了24斤，我把腰带环扎在最后一个孔上，也还往下掉。

三、自我调控训练法

气为兵神，勇为兵本。拿破仑说："战争的胜负，四分之三取决于精神因素，只有四分之一取决于实际力量的对比。"战场不仅是武器装备的对抗，更是血性勇气的较量。武器上的"代差"不可怕，可怕的是血性上的"落差"。装备的不足，可以通过意志、精神和信念等因素来弥补；但如果没有横刀立马的豪气、敢打必胜的底气、舍我其谁的勇气，未战先怯，何足一战！当官兵在战场上面临大量强烈刺激，出现情绪过分紧张甚至难以承受的时候,运用自我心理调控的办法,松弛绷紧的神经,减轻内心的压力,平缓波动的情绪,既简单方便易行,又可达到应有的实际效果。

一是胜利目标激励法。除了胜利一无所求,为了胜利一无所惜。抗美援朝战争中,美军一个军拥有坦克430辆,我人民志愿军初入朝的6个军无一辆坦克;美军一个步兵师拥有电台1600部,我一个军才数十部,仅装备到营,营以下通信依然靠军号和哨子。但是,志愿军赢得了这场战争,获得了对手的尊敬,靠的就是"东方之谜"的神奇、"钢少气多"的魅力,以及"原木在移动"的震撼。

二是注意转换法。心理学研究表明,一个人在执行重要任务之前,由于注意力过度集中所产生的恐惧心理、过分激动的心情,会消耗大量的神经能量,这种消耗有时比战斗行动本身所消耗的还要多。如果把注意力转移开来,就能降低心理紧张程度。如在作战行动前,让官兵看一些喜剧电影,听一些轻松的音乐,开展一些简单的文娱活动,对于减轻和消除紧张情绪是十分有效的。在战斗间隙,运用注意转移法,能够尽快使官兵从紧张的心理状态中解脱出来,减少紧张程度的积累,进一步延长心理持久力。

三是情绪脱敏训练。情绪过敏,是官兵战场心理承受能力弱的一个突出表现。在战斗中,有的官兵之所以听到枪炮声,看到烈火和烟雾等战场情况后就会过度紧张、恐慌,主要是由于他们的情绪过敏引起的。为此,应重视加强官兵的情绪脱敏训练,如可首先让官兵回忆所经历或所看到的恐惧情景,诱发他们的紧张情绪,当这种紧张情绪达到一定强度时,再诱导他们回忆一些比较轻松愉快、令人高兴的情景,从而用积极的情绪代替消极的情绪,达到情绪脱敏的目的。又如,可让一些心理素质较弱的官兵进行危险的训练,引起他们的恐慌情绪,然后再让心理素质好的官兵进行示范,引导他们进行训练,使之逐渐克服恐慌情绪,完成情绪脱敏的过程。

四是自我暗示训练。心胜则兴,心败则衰,真正的力量,发自内心。如果内心缺乏力量而期待装备力量、技术力量来弥补，那么不管外部力量多么壮观、多么强大，恐怕都难以支撑。自我暗示就是运用语言的暗示功能来主动地调控心理状态，保持自身心理稳定的心理训练方法。如进行海上航渡作战时，可暗示自己："我精力旺盛，浑身是劲，我根本就不感到有什么紧张、烦躁。"这种积极的语言暗示，对人体起着非常重要的影响，可以唤醒人的代偿能力和自我调节能力，从而消除心理疲劳。另外，运用自我暗示法还可以结合思维表象、呼吸调整和肌肉放松一起进行，能够起到更好的效果。自我暗示法已成为执行任务时最大限度地利用身心能量的一种很有效的心理训练方法。

五是表象训练法。所谓表象训练，就是在运动感知觉的基础上所产生，在头脑中重现动作形象或运动情境。表象训练是一种积极的心理训练方法，充分发挥了心理功能对技能的调节和支配作用，因而是促进技能形成的行之有效的训练方法。表象训练是心理机能训练的核心环节，也是其他各种心理训练的基础。随着我军装备条件的改善，一些高、新武器列装部队，官兵面临的心理压力更多的是熟练掌握设备性能的要求，因此，表象训练在基层官兵心理教育训练中显得尤为重要。

美国上将至死都没明白的"东方之谜"

美国上将范佛里特至死都没搞明白，上甘岭之役，两座海拔高500多米、不足4平方公里的小山包，43天动用6万多兵力，首日即发射炮弹30万发、航弹500余枚，把上甘岭主峰足足削低2米，可为啥就是拿不下这两个由中国士兵把守的山头。

几十年后，西点军校研究人员也多次试图用电脑模拟求解这个"东方之谜"，同样不得结果。不管是当时的范佛里特，还是现在的美国军人，都无法理解当美国首席谈判代表哈里逊骄狂叫嚣"让大炮和机关枪去辩论"时，我15军军长秦基伟的回答是"抬着棺材上上甘岭"，45师师长崔建功说"打剩一个营我当营长，打剩一个连我当连长"。

不需要重金悬赏，不需要严刑峻法，不需要督战压阵。只要一个手势，一个眼神，一句"共产党员跟我上"，他们就潮水般义无反顾地堵枪眼，面无惧色地挡火墙，毫不犹豫地滚雷阵，"连死都不怕还怕什么"，这就是中国军人战无不胜的秘密：视死如归的英雄血性，怎不令每一个对手胆战心惊。

而支撑意志战胜钢铁、精神赢取物质的，无疑是中国军人坚定的理想信念。一位美军军官曾感叹："对德、对日作战，充其量只能算是一种顽抗。中国的军人，面对美军炽烈的火网，就像不在意似的，第一波倒下，第二波跨过尸体继续前进，还有第三波、第四波……他们战斗到最后一个人的姿态，就像殉道者似的。那大概不是因为命令和纪律，一定是信仰。"

英国元帅蒙哥马利曾告诫全世界军人："只有傻瓜，才会在地面上跟中国军队交手！"胜利面前敢拼，危难面前敢上，也是中国军人血性担当的基因。以身许国，何事不敢为？同在朝鲜战场，松骨峰战斗中，我军一个连子弹全打光，官兵便拼刺刀、肉搏，用手榴弹砸，用牙齿咬，有的被燃烧弹烧着，便抱着敌人一块烧死，令美军震惊不已。

军人为战争而生，为和平而死。虽然战争硝烟远逝，但"除了打仗就是准备打仗"的血性激情之火不能停熄。解读"东方之谜"，中国军人血性虎气的一代代薪火相传、如影随形，注入血液、融入骨髓，也是战胜强敌的先天利器。武器缺陷可以弥补，武器能消灭"物质的人"，永远战胜不了"精神的兵"。敢于亮剑的血性，本身就是战斗力、杀手锏。过去以弱胜强、以劣胜优靠的是这股力量，现在遇强则强、用我必胜更需要这种精气神。这是我军克敌制胜的"战魂"！有了魂，就打不垮、拖不烂、压不倒。

血性是舍我其谁的品格气质，不是匹夫之勇，更不是盲从愚性。血性铸就不是孤立的，有理想之光照耀，有英雄精神传承，更有能打仗、打胜仗的真本事作支撑。习主席号召"培养有灵魂、有本事、有血性、有品德的新一代革命军人"，再次将"血性"提升到新的高度。唯有在实战化训练中淬炼血性，在重大任务中砥砺血性，在日常工作中培塑血性，英勇顽强、不怕牺牲的血性之气才能内化于心、外显于形，平时看得出来，战时豁得出去。

美国悍将李奇微兵败汉城之际，不得不由衷"向中国志愿军司令官致敬！"另一位美国名将克拉克则哀叹："我是美国第一个没能在胜利的停战协定上签字的将军！"或许"东方之谜"根本就算不上是什么秘密，或许永远是一个难解之谜。不管过去、现在、将来，只有中国军人才读得懂其中的奥秘。

积极管控
——谈战前官兵的心理应激

在我们的日常生活中,每个人都经历过外界刺激,也经历过生活、工作的压力,从中体会到什么叫紧张。一般性的刺激或压力可以促使人们积极地寻求问题解决途径,通过自身的不懈努力而达到成功,这就是变压力为动力,变刺激为激励。这种结果通常是好的,人们从中学到了知识、经验和本领,当再次遇到同样的或同种类的事情时,我们可以很快拿出解决的方案,并不感觉事情的棘手和复杂,这就是适应。而如果外界的刺激或压力太大,任凭我们的努力总无法做到成功,山穷水尽却于事无补,那么我们精神上会感到沮丧、失意,心理上感觉孤立无援。如果再次遇到同样的情境,大多数人可能不再试图去努力完成,而可能是选择逃避任务、躲避困难的处理方法,因而对这样的环境压力总不能适应,这就是适应不良。

应激一词来源于刺激、压力。具体地说,应激是指人们对外界刺激的反应过程,这种反应包括心理上的变化,也包括生理上的变化。诸如烦恼、忧郁、易激动、易发脾气或者是兴奋、开心、高兴等,都属于心理上的变化;而诸如食欲不振、血压升高、呼吸急促、浑身冒汗等,都属于生理上的变化。人们对应激的反应往往同时既有生理机能的改变,也有心理功能的改变,这就是人们所熟知的心身反应。

一、客观看待战前官兵心理应激反应

现代战争注重心理攻击和精神震慑,其突然性、破坏性、复杂性和对抗性、残酷性明显增强,对军人的心理素质提出了更高的要求。参战部队在进入一线阵地直接投入战斗前,一般都要经过一段时间的临战训练。尽管此时还没有直接进入战斗,但战区的战斗气氛已经很浓。对大多数官兵来说,由于平时严格训练、严格要求,思想心理素质比较好,战斗气氛加强,作战任务的艰

巨性,会激发斗志、振奋情绪,增强责任感和荣誉感,组织纪律性也比平时更好。但对个别军人来说,由于平时训练不严,意志控制力不强,会出现一些明显的异常心理反应:

(1) 恐惧忧伤。个别意志薄弱的官兵,由于环境不熟,生死难卜,对战斗可能给个人带来的后果思虑重重,担心牺牲或致残,心情紧张,畏惧此次一战与家人、亲属、战友有可能永别,从而常表现为精神不振,抽闷烟、喝闷酒。

(2) 打架斗殴。个别军人进入战区后,对作战认识模糊,在错误的生死观支配下,心理出现反常,不是用部队组织纪律、战场纪律严格要求自己,而是从战斗可能给自己带来的后果考虑,放纵自己,盲目行事,脾气粗暴,行为野蛮,直至和战友、友邻部队、战区老百姓打架斗殴寻衅滋事。

(3) 寻求不正当刺激。个别战士参战动机不纯,对作战意义认识不清,因而进入战区后,抱着"活一天快活一天"的消极心理,到处寻求所谓"生前"刺激,有的大吃大喝,有的偷看黄色影碟,甚至不择手段地满足个人私欲。

在 2003 年伊拉克战争中,随着战争的临近,美国"小鹰"号航母上水兵的心理压力和精神负担一天天加重,当他们意识到战争不日即打响后,一些水兵感到无奈和恐惧,发生一个士兵跳下大海的事件,另发生了 6 名士兵出逃事件,其连锁反应是在一定程度上影响了其他参战美军士兵的士气。2009 年 11 月 6 日,美国胡德堡陆军基地精神病专家、39 岁的执业医师哈桑少校在即将赴海外执行任务时,对即将受派遣和归来的士兵大开杀戒,造成 13 人死亡、30 人受伤。据报道,哈桑少校此前曾遭战友骚扰,对将赴伊拉克或阿富汗"深感不安",并在网上讨论过"自杀式袭击"。

上述事件发生后,军事专家们对战前参战官兵的心理应激反应开展了广泛研究。回顾从第一次世界大战到近年来大大小小的几百次战争,发现几乎所有参战军人都有或多或少的心理应激反应,但绝大多数情况下并不影响官兵参战。最终研究的结论是,不论平时训练多么有素,战前都会发生心理紧张、恐惧害怕,因此，战前心理应激除了自杀、杀人、伤人等极端不良行为外，其余心理反应都是一种正常的心理、生理现象，而不是什么心理疾病。

细分起来，战前军人心理应激分为轻、重两种类型。轻微的心理应激反应比较普遍，表现为情绪变得不稳定、易冲动、心情烦躁或牢骚满腹，出现睡眠障碍，对外界刺激反应过度等。最前线的士兵，如果心理素质不强，会出现盲目蛮干、违章违纪、酗酒滋事等不良行为。较重的心理应激反应主要表现为目光呆滞、沉默不语、表情冷漠、出现幻觉或错觉、思维动作迟缓、情绪抑郁、焦虑紧张、恐惧、易怒、言语出现障碍，对前途感到过分悲观，有即将死亡或负伤的预感，容易伤人或自伤，有的甚至产生逃跑和自杀念头。

二、战前官兵心理应激产生的主要原因

一是任务的突然下达。出其不意历来都是战争中致胜于敌的重要手段，但同样会对交战双方的军人心理造成巨大冲击。一定程度的应激状态能动员人的神经系统和整个机体，加速心理活动过程，使人精力旺盛，反应敏捷，并产生旺盛的斗志和积极的拼搏精神；当心理应激反应过于强烈，超过军人的正常承受限度时，则会产生全身过度兴奋，造成知觉和注意力的范围缩小，甚至出现言语不连贯、思维和动作混乱等异常现象。

二是高强度心理战的影响。心理战是作战双方为摧毁对方作战意志而进行的特殊作战样式，是与武力战有着明显区别的对军人的一种"软杀伤"。作为无形的打击力量，能从心理上摧毁军人的思想、情感和意志，使其丧失战斗力。古往今来，任何一场战争几乎都有心理战的运用。而在高技术战争中，心理战更是受到人们的高度重视，作战双方竞相以各种手段相互实施高强度心理进攻，从而对参战军人的心理造成严重影响。事实证明，在敌之高强度心理战的作用下，军人极易产生紧张、恐惧、惊慌、厌战、疏忽大意、犹豫不决等不良心态，产生对战争性质的怀疑及投降意愿，直至引发心理防线彻底瓦解，成为敌方的精神和心理

上的俘虏。

三是对远距离精确火力的恐惧。高技术战争中，远距离火力战已经逐步发展成为拥有技术优势一方的基本作战样式，作战兵器的杀伤威力、杀伤距离和杀伤精度空前增强，将会极大地强化军人的恐惧心理，并引发怯战避战、自我保全心态、集体恐慌等一系列心理问题。恐惧心理作为军人生命受到威胁或预感到威胁而引起的担惊受怕心理，具有极大的危害性，轻则使人不愿参战，重则将导致军人精神崩溃、行为失常。

四是不良情绪的传染。在信息不通畅的情况下，少数人夸张过度的风险知觉可在一定范围内造成爆发性的社会感染，从而使整个群体陷入畏惧、恐慌、退缩、逃避或激越等负性情绪和行为环境中。在战备状态下，人格或应对方式不良者将更容易产生抑郁等各种负面情绪。所以当战事来临时，心理工作者应有针对性地对官兵进行认知引导、情绪稳定、意志坚定、人格健全的教育和训练，及时消除可能出现的不稳定心理状态带来的士气低落、群体癔症发作、群体失控性躁动等心理与行为失控。

五是战争性质的影响。二战后，美军多次对多个主权国家悍然发动武装攻击，虽然美军在作战中有各种美妙借口，但其官兵始终缺乏对战争目的的认同感，常产生"为谁而战"的心理困惑。自"9·11"事件以来，美国以"反恐"的名义发动了对阿富汗和伊拉克的战争，并将大量美军士兵派驻以上两国执行军事任务。虽然很快就推翻了塔利班与萨达姆政权，但美军及其盟军仍然在两国长期驻守，并不断遭遇抵抗和袭击。这种抵抗和袭击造成美军士兵不断伤亡，其破坏性、长期性已引起不少美军士兵及其家属的恐慌、焦虑和厌倦。外驻美军与当地民众由于军事占领、政治高压、经济掠夺、文化隔阂等原因纠纷不断。美军士兵强奸民女、滥杀无辜等负面报道不时激起民愤甚至"自杀式袭击"。战争的残酷、家人的眷恋、驻地的民愤、自身的危险使不少士兵对开战之初"反恐维和""保家卫国"的正义性产生质疑。这种质疑将使不少士兵对以正义之名的杀人行为产生罪恶感、羞耻感，萌生强烈的抵触、厌战、反战情绪，严重时甚至产生拒绝应征入伍现象。

六是军人的心理能力。参战官兵的心理能力对军事应激的心理承受能力有很大影响,那些心理不稳定的人(其特点是情绪易变、情感不稳定、气量小、倾向于反应无力型,性格忧虑而多疑)容易出现精神障碍,那些意志不坚强、独立能力差、忧郁或是有家族遗传史的人往往容易发病。而个性良好的人员能够在命令下达后保持良好的心理状态,行为慌乱和错误的发生率较低。

三、减少心理应激反应的关键是勇气培养

战场是一个充满危险的领域。军人在战场上,要能镇定自若,措置裕如地处置各种情况,关键是能把生死置之度外。只有具备不怕死的勇气、洞察力和运用智谋指导作战的能力才能得到充分发挥。正如恩格斯所说:"勇敢和必胜的信念常使战斗得以胜利结束。"

史载,第一次世界大战时,协约国损失的飞行员中,被打死的只有2%,90%的飞行员是因为战时没有勇敢精神,情绪紧张,惊慌失措,动作不协调而机毁人亡。战后世界各国都十分重视心理战在战争中的应用。海湾战争中,多国部队首先采取的战略就是制造"心理恐惧"。战前,他们采用了多种多样的手段对伊军心理进行攻击,直到40%～60%的伊军士兵精神沮丧时,多国部队才确定了进攻的日期。曾有军事专家评论,如果伊拉克军队精神不垮,那么海湾战争至少不会是今天的结局。美陆军参谋长沙利文上将在一次谈到海湾战争时说:"我们不能否认先进的武器装备及正确的作战理论在这次战争中的特殊作用,但尤其值得称颂的是部队官兵在炎热的沙漠、残酷的战场上战胜各种恶劣条件的勇气,勇气塑造了勇士!"可见,必胜的信心,饱满的士气,在危险、紧张的环境中保持镇定的情绪,是军队之灵魂,胜利之维系。

尽管随着军事科技的高速发展,军事斗争手段愈来愈高技术化,作战方式的选择对高技术装备的依赖性越来越强,但未来战

争并非像有些人想象的那样，只是坐在机房里按按电钮、敲敲键盘，便可决胜于千里之外。事实上，现代高技术战争，由于高技术武器装备的使用及其全天候、全方位的战场厮杀，战争进程变化急剧，战场的残酷和激烈与以往有过之而无不及，军人更需要以超常的勇气去战胜艰难险阻，以控制、打击对方心理，摧毁对方意志来夺取胜利。可以说，无论在任何时候，战争中人的智慧、勇敢的精神和强健的体魄都将最终决定战争的结局。而那种追求"零伤亡""技高气低"的思想，不需要浴血拼杀、近战歼敌的思想，军人的勇敢精神已失去意义的思想都是不足取的。

勇气源于自信心。一支军队只有充分相信自己的实力，才能激发出战胜一切的勇气，才能创造出好的战绩。美军前参联会主席鲍威尔曾对部下说："陆军每个士兵身处战场，都要坚信自己的部队是世界上最优秀的部队；空军的每个飞行员起飞时，都要坚信天上没有比自己更优秀的飞行员；海军的每个水手都要坚信海上没有更好的舰船……"士兵首先的是相信自己，从心理上制敌而不制于敌，只有这样才能激发起克敌制胜的勇气，立于不败之地。

勇气并非生而有之，需要后天的锻造和培养。心理学认为，一个没有战斗实践的人，对于各种复杂和危险环境的适应能力就比较差。因此，世界各国对在和平时期锻造军人战胜一切的勇气都极为重视。英军条令就强调：提高士兵的战斗勇气，是战斗训练的一项重要任务。美军在部队训练中恢复刺杀训练的做法很有启迪性。在武器装备高度现代化的今天，进行刺杀训练的意义不在于它是否用于未来战场，而在于通过此项训练来提高军人的勇敢精神，培养敢打敢拼的血胆气质。

我军是威武之师，文明之师，正义之师，有着光荣的革命传统和一往无前的战斗精神，新时期我们要继承发扬老一辈留下的宝贵治军遗产，使之成为打得赢未来高技术战争的强大精神力量。

四、战前官兵心理应激的管控策略

战争的胜负,不仅取决于军队的数量和准备,而且取决于参战官兵的心理状态。对现代战争中官兵心理问题的管控策略,就是运用心理学的原理和方法,加强心理调控,消除战争紧张感、恐惧感,缓解和防止战场环境和作战行动可能对官兵造成的心理压力和心理创伤。

一是进行士气激发。士气是战斗力的重要因素,是军队赢得现代战争胜利不可或缺的条件,能否科学有效地激发和巩固军队高昂的士气,直接关系到战争的成败。战前士气激发的方法多种多样,但核心是进行战争必胜教育、战争正义性教育和革命英雄主义教育。忠于祖国、忠于人民,是我军的优良传统和政治优势,要充分利用各种教育资源和教育平台,强化官兵的思想教育。首先要强化我军历史使命和根本职能教育,引导官兵从国家战略利益的高度来观察和认识问题,清醒认识国际斗争尖锐复杂的形势,克服和平麻痹思想,做好随时准备打仗的心理准备。其次要强化爱国主义教育,引导官兵深刻认识革命军人的个人命运与国家前途的关系,军人必须把爱国奉献作为自己崇高的职责使命,从而激发官兵的爱国奉献热情,做好随时听从祖国召唤、时刻准备为国捐躯的心理准备。重要的是强化革命英雄主义教育,引导官兵消除"唯武器论"的片面认识,发扬我军以劣胜优、决战决胜的优良传统,树立敢打必胜的坚强意志,培育"一不怕苦、二不怕死"的顽强战斗作风,由此提升官兵战时的心理防护能力。

二是强化心理训练。组织官兵在高度仿真的战斗环境中进行演练,增强他们对各种战斗环境的适应性。美军著名的"兽营"训练设有遭敌突袭、毒气体验、人格污辱等心理训练课目,目的是锻炼官兵在遭到战场残酷情景刺激、生化武器袭击以及被敌军俘虏后受到折磨时等恶劣环境条件下的心理承受能力,从而使其始终保持符合作战要求的精神状态和意志品格。例如在伊拉克战争爆发前,美军就曾模拟巷战、生化武器袭击等背景,频频举行

军事演习,目的就是为了让官兵先期体验到战场上会遭遇到的心理压力。美军专业心理工作人员还指导士兵通过增强意志力来控制机体的非随意功能,如脉搏、睡眠和心态等,从而降低面对刺激时的应激反应,实施中还配以医生导语和音乐,以增强训练效果。

三是普及高技术战争知识。心理学认为,知识是心理素质的重要基础,具备相关的丰富知识,在面对复杂环境和处理问题时,可以更主动、更自觉。未来战争,战场情况瞬息万变,异常险恶,官兵的心理将承受严酷的考验。这就要求每一个官兵必须具备较高的自我心理调节能力。加强官兵对未来战争知识的学习,是提高官兵战时自我心理调节能力的一条重要途径。为此,特别要重视对未来高科技战争知识、信息化战争知识、新军事变革知识以及近年来发生的几场信息化战争的学习和研究。只有掌握未来战争的丰富知识,熟悉未来战争的战场情景,把握未来战争的特点和规律,才能做到心中有数,一旦战争来临,就能沉着应对,不至于产生恐慌、胆怯心理。

四是严格控制不良心态的滋生蔓延。任何一支军队都不可能做到在所有情况下始终保持"充盈之气"。尤其是高技术战争的突然性、巨大的破坏效应、战场态势的变幻莫测等因素,会空前加剧军人情绪波动的幅度,引发各种不良心理现象的出现。因此,必须随时对不良心态进行控制、调整和纠偏,使士气维持在一个较高的动态水平上。不仅要加强国内舆论和信息导向,确保在全社会形成积极、健康的统一舆论环境;而且要努力做好防敌心战策反工作,坚决堵住各种不良信息进入军营的渠道;还要及时进行战前心理调控,防止恐慌尤其是集体恐慌心理的产生和蔓延。

五是加大心理服务力度。向官兵讲解必备的心理健康知识,特别是心理问题对个体、对团体、对战斗力的危害知识。对于出现战前心理应激症状的官兵,明确告知这种反应是正常的,每个人都可能发生,不应把这当做心理障碍甚至心理疾病。让每位参战官兵学会冷静和自制方法,懂得帮助战友、相互支持,以保持高效的团队协作精神。

敢打必胜
——谈战时官兵的心理应激

应激是由于个体在生活适应过程中的关于环境要求与自身应对能力不平衡的认识所引起的一种身心紧张状态，这种紧张状态倾向于通过非特异的心理和生理反应表现出来。应激是生活中不可避免的事件，没有应激就没有生活，尤其是现代文明社会的发展和高科技对人类生存环境全方位的渗透，使人类承受着越来越复杂、越来越强烈的生理和心理应激。

战时心理应激是指军人在参战过程中面临或察觉到环境变化对机体有威胁或挑战时作出的适应和应对的过程，也可简单地说是在军事环境条件下军人所发生的情绪反应和行为变化。对战时心理应激既可看做是一种刺激，又可看做是一种情绪状态。将战时心理应激单纯理解为消极的负性的反应是不全面的，只有当应激导致人的认知、情绪和行为发生改变，严重降低军事作业效率的时候，才将其理解为一种心理障碍。其主要表现是，不能从事正常的军事训练，不能适应部队环境，甚至不能参战。因此，正确区分哪些反应是一般的军事应激，哪些反应是严重的军事应激障碍是必要的。对于前者的干预主要是学习和训练问题，而对于后者的干预不但要进行训练，更重要的是加以治疗。

一、战时心理应激的特点

军事应激有三个特点。一是应激源强度大，连续作战，睡眠时间严重不足；作战场所环境恶劣；时时受到死亡威胁，前途未知；现代战争中核化生等特殊武器的威慑造成巨大的心理、生理压力。二是应激人群规模大，战争的涉及面广泛，不仅应激主体是数量较大的参战军人，而且后方军民也可以因战争发生应激反应。三是应激反应形式多样，处理原则特殊。战时心理应激反应形式可表现为危机现象、一般疾病表现、精神疾病症状多种形式。在确认为应激性疾病而无明显器质性损伤时，处理原则一般采用就地实时治疗。

2009年11月5日,美国德克萨斯州胡德堡陆军基地枪击案震惊全美,案件造成13人死亡,包括凶手尼达尔·马利克·哈桑少校在内的30人受伤。受到外界关注的是,哈桑是一名面临派遣到海外战场的军队心理医生。多方调查显示,哈桑行凶的原因,与他希望奥巴马政府从伊拉克和阿富汗撤军,并想尽办法避免自己被派遣到前线有关。由于在陆军医疗中心工作期间,哈桑耳闻太多的战场死亡,他对即将派往海外战场充满恐惧,导致情绪爆发酿成惨案。

美国兰德公司2008年4月17日公布一份独立报告,称从伊拉克以及阿富汗前线返回国内的美军士兵,大约有30万人有严重心理障碍,一部分为创伤后应激障碍(一种心理疾病),一部分是抑郁症。美国向伊拉克和阿富汗共计派遣了超过150万士兵轮替作战,18.5%的人患严重心理障碍。其中,从伊拉克战场返回的士兵精神问题尤为突出,有19.1%的人出现心理问题,而在阿富汗服役的美国老兵中,这一比例为11.3%,在其他地区服役的比例则为8.5%。自2003年1月1日至2007年12月31日,在驻扎过阿富汗或伊拉克的美军中,有39 366名士兵发生心理疾病,其中2006年为9 546人,2007年猛增至13 981人。这表明美军患心理疾病人数呈明显上升趋势。美国"伊拉克和阿富汗战争老兵组织"提供的数据显示,目前在这两场战争中已退役的士兵患心理疾病人数高达4.5万名。军事应激诱发的心理问题,可导致患者出现家庭冲突、离婚、酗酒、吸毒等恶性生活事件。

二、战争期间军事应激对心理、行为的影响

(一)急性军事心理应激障碍

军人在执行战争或非战争军事任务中所出现的严重心理应激反应,统称为军事心理应激障碍。军事心理应激障碍虽也有急、慢性之分,但根据以往经验,以急性为主。急性军事心理应激障碍症状主要表现在生理、情感变化两方面。生理上出现躯体疼

痛、紧张、烦躁不安、警觉性高、颤抖、面色苍白、嘴干、眼神游离、心跳加速、眩晕、呼吸加快或喘不过气来、胃肠不适、呕吐、腹泻、疲倦、运动困难等一系列症状。情感上出现焦虑、忧虑、预期最坏情况、抱怨、易激惹、无法集中注意力或记不住细节、思维混乱、语无伦次、睡眠不稳、被噩梦惊醒、面对死伤战友哭叫、自责、感觉被上级遗弃、丧失战斗信念等系列症状。

第一次世界大战，英格兰籍士兵军事心理应激障碍发生率为20%，美军每7名卫生减员有1名是精神异常人员。1945年冲绳战役中，美军因军事心理应激障碍减员占减员总数的48%。1973年爆发的中东战争，由于对埃及、叙利亚军队的突然袭击缺乏足够的准备，以军发生的精神异常患者占战伤病员数的30%，在后送的1500人中，精神性病员900人，需提供精神医学救护的，占伤病员总数的60%。1982年以色列入侵黎巴嫩战争中，以军因军事心理应激障碍减员占总数的54%。1991年的海湾战争中，联军伤病员总数为1028人，其中精神性伤员占伤病员总数的54.6%。多国部队中因战斗应激导致精神性伤员的入院人数占入院伤病员总数的50%左右。我军在对越反击作战中，由于自然条件的恶劣和战斗环境的不利，发生军事心理应激障碍的比率为：备战炮击阶段为34.2%，战斗阶段为21.6%，防御和战评阶段为44.2%。军事心理应激障碍的发生，造成了大量的非战斗减员，严重地影响了部队的战斗力。

（二）自杀

据美国国防部统计，自杀已成为参战官兵的第二号杀手。且自杀人数呈逐年上升趋势：2004年67人，2005年85人，2006年102人，2007年121人，2008年达到128人，相当于每10万人就有20.2人自杀。2008年发生了948起陆军士兵自杀事件，而2002年美军想自杀的只有350人。自杀风潮也出现在退伍老兵之中。美国人的自杀率是8.9/10万人，而退伍老兵是18.7/10万人，在20～24岁的退伍军人中，这个比例达到22.9/10万人（是其他美国同龄人的近4倍）。

美军士兵自杀行为与在伊拉克和阿富汗执勤时间长短呈高度

正相关。人际关系紧张，法律、经济问题以及工作压力也是导致参战官兵自杀的重要因素。为了防范士兵自杀，美军新修订的陆军军官手册中写道："为了有效减少自杀，你必须站在自己的士兵面前，诚恳地告诉他们，一个真正强壮、勇敢的人是勇于承认自己患有心理疾病的，是敢于寻求帮助来克服自杀意念。""想打消自杀的念头吗？也许我能为你做些什么"。

（三）滥用精神药物

美军司令部 2009 年 12 月公布：20% 的参战士兵滥用处方药，很多前线士兵每天靠服用抗抑郁药来松弛因长期作战而紧张过度的神经。根据美陆军第五心理健康咨询组的匿名调查报告，大约 2 万驻伊和驻阿美军在服用抗抑郁药或者安眠药，其中驻伊美军战斗部队有 12% 的人服用这些药物，驻阿美军的比例为 17%。据估计，服用"百忧解"等抗抑郁药和"安必恩"等安眠药的士兵各占一半，这些药物可帮助士兵保持镇定和冷静。长期以来，美国作战部队禁止士兵滥服药物，若是平时，被确诊患有心理疾病后，士兵首先得到心理医生的咨询和疏导，而在战场上，士兵得到的只是医生开具的抗抑郁和抗焦虑药物。但是，精神药物并非没有副作用，美国抗抑郁药生产商警告说，这些药物可增大青少年自杀的危险，美国陆军士兵都处于这一年龄段。美国兰德公司和美联邦药物研究所先后公布其研究结论：选择性 5－羟色胺再摄取抑制剂效果有限，用该药物治疗创伤后应激障碍效果显著的证据不足。

（四）美军心理医生心理问题严重

美国的心理医生并不像外界想象的那么多，却要应对越来越人的需求。陆军仅有 408 名精神科医生，包括现役、非现役及合同人员，却在为被派驻世界各地的 55.3 万名现役军人服务。他们每天都要给 10 名以上的来访者进行心理疾病诊治，大多数病人都身负重伤，其经历令人毛骨悚然。长期面对这些身体受到伤害、心灵受到刺激的士兵，很多心理医生感情变得冷漠、同情心下降或消失，感觉自己更需要心理帮助。他们觉得无法与来访者进行有效沟通，自己从心底最不愿做的事就是跟其他人交流，哪怕是周围的同事好友。美军各级管理人员也在思考这个问题：谁给军中心理医生当心理辅导员？谁对他们的心理健康负责？出现陆军基地心理医生哈桑射杀13人的惨案，由此看来也就不足为奇了。

三、战时官兵心理应激反应的诱发因素

（一）战场相关因素

现代战争环境与传统战争相比已大为改变，各种不确定危险因素增多，军事人员时刻面对随时可能发生的灾难性事件或死伤场景，这些事件不仅在与敌人战斗中出现，而且在国际维和、人道主义援助中均可出现。美军重点研究了在本土外执行军事任务中军人的心理应激障碍，认为陌生的作战环境及死亡威胁是主要诱因。这些因素包括：①感觉在致命威胁面前无能为力；②置身于同伴被杀、被伤的残酷战斗；③亲手杀死敌人，以及无辜的旁观者；④面临不可控、也不可预知的死亡危险攻击，比如伏击或路边炸弹；⑤耳闻目睹呻吟死去者，闻到腐尸气味；⑥战后管理敌军、平民时莫名恐惧感；⑦看管难民营、被战争毁坏的社区和家园；⑧战斗和维和之间的任务转换。

（二）个体认知评价因素

面对同样的军事应激情境，人们的反应不同，重要原因之一是个体对应激事件的评价不同。认为环境情况具有危险性的人，比认为环境具有挑战性的人表现出更多的不适应和生理—心理反应。除了危险程度大小外，危险的性质也影响对环境情况的评价，因为后者影响个体所具有的控制能力。外部事物的不确定性使个体控制感降低。其他影响个体认知评价的因素还包括人格特征（稳定性、情商、特质—状态焦虑、意志品质等）和社会支持程度。社会支持可减缓负性应激反应，因此，这两者在一定程度上决定了个体的认知评价和应激反应的程度。

（三）士气和团队凝聚力

士气和团队凝聚力对减少官兵心理应激反应有重要影响作用。心理学研究表明，这两种因素使参战人员心理应激障碍发生

率显著减少。士气和团队凝聚力相辅相成，高昂的士气和对领导的信任会带来乐观的情绪，提高生存的希望。反之，当这种信任受挫时，士兵就会出现焦虑、无助，甚至愤怒等心理反应。如果团队凝聚力崩溃和士气丧失，则会导致大量心理应激障碍的发生。指挥员的精神状态、意志水平起着关键作用，在危险情境中指挥员的沉着应对可有效缓和不同人员出现的不良心理应激反应。战场上，一般不允许把应激反应严重的个体单独送走或远离部队，否则将导致更多的心理疾病患者出现。只有当部队是一个完整的群体的时候，凝聚力和士气才会产生效果。

（四）长期驻扎身心疲惫

美军虽然制定了轮休计划，但由于各种原因并没有真正实现，一部分人在战区服役时间过长，承受不了战争的压力，艰苦的生活和作战环境使绝大部分士兵生理和心理上倍感疲惫。一项对在索马里参加维和的3461名官兵进行的心理状况调查结果显示，有超过1/3的人存在严重的心理和精神问题，主要表现为：①焦虑；②抑郁；③睡眠障碍；④自我活动的总水平降低；⑤挑衅行为倾向；⑥易激惹；⑦酗酒。此外，参战军人长期在外，与家庭成员沟通困难，致使亲情瓦解和亲密关系的破裂，也可导致参战军人发生异常心理反应，如易激惹、爱挑剔、冲动甚至自杀等。

（五）其他因素

其他如战争的规模、激烈艰苦程度和持续时间长短、战斗地域和环境、武器装备的性能及战斗人员对它的依赖程度、部队内部团结、对指挥官信任程度、战士的身体状况、心理素质、文化水平和年龄等都有很大关系。尤其是指挥官的能力因素，如果指挥官不能靠自身的良好素质和人格魅力来赢得士兵的信赖、尊敬和爱戴，让士兵心悦诚服地接受其领导，战时必将对战士产生负面的心理影响。国外有些军队以士兵对指挥官的信赖程度作为预测精神病减员的重要指标。

厌战、情绪低落也可能成为心理疾病的主要诱因。由于兵源紧张，美军38%的战斗部队已经历过两次部署，10%的部队经历过三次以上部署。兰德公司的调查报告显示,美军士兵在第三次或第四次被派往战场时,其心理问题发生比例显著高于第一次和第二次上战场的士兵。每两次上战场的间隔仅有12个月,这不足以使参战士兵心理得到彻底恢复。由于阿富汗和伊拉克局势持续动荡,美军士兵看不到所期望的前景,失望、痛苦的情感在军中蔓延。此外,美国政府的推迟退役令也使部分士兵受到情绪打击,导致自杀、虐待战俘、杀害平民等不良行为频繁发生。

四、战时心理应激的干预原则

(一) 协同化原则

该原则强调心理与生理的统一性,因此要求生理、心理上的干预必须同时进行。在平时,体现为开展心理训练与体育锻炼、思想教育等活动协同进行。在战时,提倡对战斗应激反应伤员实施心理干预的同时,要充分考虑生理需求,给予有效的生理支持,诸如给水、进食和提供充足的睡眠等。事实证明,这种干预方式,平时可促进官兵的全面发展与优化,在战时可促使许多伤员精神快速恢复至常态,一般3天内就能归队。

(二) 正常化原则

即明确告知参战人员发生的各种应激反应都是一种正常的心理反应。其理由是:①参加战斗的士兵都有可能发生军事应激心理反应,而不是个别现象;②影响发生异常心理反应的因素是多方面的,不仅有个体因素还有环境因素;③一般来说,异常心理反应是暂时性的,很少造成永久性的精神创伤,除非发生战争精神病。当干预者向大家解释为什么这些反应是正常的同时,被干预者已经主动参与到自己的情绪调整过程中,"正常"的评估有助于降低已经发生严重应激反应个体的压力,有助于树立被干预者的自信,调动被干预者的潜力。

(三) 个性化原则

个体遭受军事应激后,他们得以恢复的方式,有明显的个体差异。研究结果发现,个体的反应就如同其手印一样每人不同。因此,当每个作战成员遭受各种军事应激时,在遵守基本的干预原则的情况下，救治人员应和他们一起，充满信心地用适合他们的干预方式，以求最佳效果。

（四）即时、就近、期望原则

这一原则经过了战场上的实践而总结出来，目前被普遍接受。该模式承认军事应激反应伤员的情感发泄行为具有合理、合法性。就近是指救治的最佳处置场所是在前线；即时是指战斗应激反应一出现就开展救治，使伤员得到适当休息和睡眠，并予以解释和安慰，接触恐怖与焦虑；期望是指救治人员要经常提醒被救治人员，他们很快就能够恢复，不存在什么大的问题，部队的领导和战友也来看望，并传递等待早日归队的信息，使伤员感受到战友的期望，进一步树立信心。这一干预原则不仅有助于对战斗应激反应的治疗，也有助于预防其继续发展。海湾战争中，美军将心理保健人员分配至作战旅开展疏导教育，结果有90%发生军事应激障碍者迅速归队投入战斗。以色列军队在长达20年观察应用"三原则"的结果发现，战场救治不理会"三原则"，人员创伤后应激障碍发生率为47.9%，应用其中一项原则创伤后应激障碍发生率为38.5%，应用其中2项原则创伤后应激障碍发生率为32.6%，应用3项原则创伤后应激障碍发生率仅为25%。

五、战时官兵心理应激的预防与控制

（一）强化应激耐受训练

普通军事训练的目的是使军人获得军事技能，应激耐受训练的目的是提高应激耐受力以及在高应激环境中保持有效的操作技能。经过应激耐受训练，可使受训者对各种应激情境具有预期心理准备，减少应激环境中感知、判断能力的弱化，同时识别或避免应激环境中容易发生的操作错误。西方军队将应激耐受训练称为应激暴露训练，这一训练的设计着眼于三个目标：一是使受训者熟知并掌握有关应激环境的知识；二是使受训者在应激情境中保持有效的作战技能；三是建立应对复杂条件下各种困难的自信心。训练分三个阶段，第一阶段是使受训者了解军事应激反应的知识，使其熟悉各种应激情境并形成心理预适应。第二阶段是技能练习反馈阶段，目的是掌握自我调节、外部感知和积极应对技能。第三阶段是应激情境中技能实践，引导受训者用所学技能应对各种应激因素，这一过程需循序渐进，直至受训者完全适应非常艰苦、复杂的作战环境。

目前认为较成熟而且最有针对性的是模拟训练法，是战时应激预防的主要措施，是在最为逼真的战斗环境下进行的训练，包括模拟战场景物训练法、模拟讲解结合训练法、模拟战场景观训练法和自我模拟训练法。让士兵在有控制的条件下经历恐怖情景，如假毒气袭击；给战士演示当前战斗的各种可能的场面，训练士兵学会自我劝导的方法。用反复想像战斗境况的复杂性和艰苦性的方法来锻炼战斗意志。

(二) 团队化教育训练

无论是中国军队还是外国军队都非常重视团队化教育训练，内容丰富具体，首先是充分利用各种传播媒体、报纸期刊等激励官兵的爱国斗志，培养官兵"与祖国共存亡、与团队共荣辱"的自觉意识。在新兵入伍训练中强化"献身报国"的信念，在官兵晋升考试中增加国家、军队的内容，以促进官兵加强历史知识的学习，增强官兵为祖国荣誉而战的信念和斗志。通过聘请心理专家利用讲座、答疑、讨论等形式，帮助官兵了解人类各种应激反应，加深官兵对生理和心理应激的感性认识。其次是根据个体对应激事件的理解、评价及采取应对措施不同的特点，采取针对性的教育和训练措施，如英军在全国各地和海外驻军都建有冒险训练中心，项目包括登山、滑雪、潜水、山洞探险等，通过严酷的野外训练活动提高官兵的生理和心理应激水平。另外，各国军队还特别强调在教育过程中团队内部互动性和自我教育的主体性，鼓励士兵们提出自己的想法和愿望与大家共享，避免把干预性教育变成权威性说教，不要把士兵们不感兴趣、不能认同或强烈抵触的内容强加给他们。

(三) 加强参战官兵心理管理

普通参战人员要求掌握预防军事应激障碍的基本方法有：①

知道战场应激反应是正常的；②学会冷静，精力集中于任务；③防止流言传播，坚定胜利信念；④掌握放松技巧，每天尽可能睡足7～8小时；⑤与战友保持沟通，帮助战友，相互支持，保持团队协作精神；⑥对新补充兵员表示欢迎。

指挥员应懂得"及时"救治的意义，对于军事应激障碍患者应及时予以帮助，这样可以显著减少患创伤后应激障碍的几率，并使士兵很快胜任战斗任务。美军指挥员常用的战场心理支持是：提供一日三餐热食，保持士兵衣着整洁，保证一段相对充足的睡眠时间。满足作战军人这些基本的生理需要对保持良好的精神状态非常重要。指挥员的另一重要作用，是协助医务人员向士兵阐明战场应激反应是很正常的，是可以理解并可得到有效处理的。这种简单的信息传递有时足可以使参战官兵处理各种战场刺激并保持旺盛战斗力。

社会福利人员和随军神职人员在西方军队中主要从事物质和精神安抚工作，满足参战军人不同水平的需要，以此减少军事应激障碍的发生。如美军十分重视通过法律规范来保障军人相应的经济和物质利益，采取职业化军队制度，从物质利益层面鼓舞军心士气。随军牧师的重要作用则是为官兵安排时间和场所，让其在返回战斗岗位前，在一个没有压力、安全的场所进行发泄，多数时候可以就地解决官兵的心理问题。

（四）实施综合心理减压措施

（1）保证充足睡眠。一些国家规定，战时也要尽可能让军人每天睡足7～8小时，如果低于4小时，则军事应激障碍发生率上升，心理反应加重。

（2）正确处置看到死伤人员的感受。很多士兵看到战友、敌人、无辜者的死伤惨状，表现出怜悯、害怕、愤怒、内疚、自责等情绪，严重影响自身作战能力。对此，最有效的干预方法是明确告诉士兵"这些想法是值得尊敬的"，但战斗一定要进行下去，让对胜利的期盼取代这些不良情绪。

（3）及时制止自杀倾向。战时人员自杀行为对团体情绪会产生极为不利的影响，一旦发现有自杀倾向者，首先要卸去其随身武器装备,对其心理痛苦表示出理解,倾听其心理感受,必要时提供药物辅助治疗。

(4) 协助与家人交流。处于应激的个体常常很想谈论他们的体验,但研究发现,精神卫生人员与这些人沟通并不是他们所希望的。这些士兵更愿意与家人、朋友、战友谈论他们的情感反应。2005年伦敦爆炸事件后的调查表明,在两周内有1/3的人出现应激反应,但只有1%的人感觉需要专业帮助,而71%的人承认他们与家人或朋友的交谈更能减少心理反应。因此,为战场心理应激人员建立诸如网络、视频通信等的联系可能更实际。

(五) 药物治疗辅助心理治疗

对于军事应激障碍发生率居高不下的现状,外军建立专门的精神卫生队,如美军成立战斗应激控制小组,与战斗部队一起部署,且主要是在医院外开展工作。精神卫生人员开展心理治疗的方法主要有眼动脱敏和再加工、认知行为治疗、支持性心理治疗等。但对于长期在外驻守的官兵,由于心理咨询和治疗效果不明显,必须使用药物治疗。据美陆军第5心理健康服务小队统计,大约12%的驻伊拉克美军和17%驻阿富汗美军服用处方抗抑郁药或者安眠药。

(六) 培养健康的人格

具有健康人格的人,在战争条件下能从实际出发,对周围环境做客观观察和分析,从而能做出正常、有效的反应;在平时能面对现实,以切合实际的方法处理问题,善于与战友、同事相处,乐于助人,人际关系良好,能获得社会支持。因此,健康的人格有益于身心健康,医务人员应引导战士向健康的人格方向发展,以提高应对应激的能力。

坚定意志
——谈战时官兵的心理防御

现代战争证明,军人的心理素质同军人的思想素质、军事素质、身体素质共同构成战斗力量,它们之间相互关联、相互渗透、相互影响。思想素质是军人勇敢精神的基础;军事素质是完成战斗任务的直接条件;身体素质是保证提高作战效能的生理物质基础;心理素质则是其他素质得以充分发挥的重要保障,并且直接制约着其他基础素质的发挥。

从心理战在近期几场局部战争中的运用和实践看,随着信息技术的不断发展、完善,未来战争中,心理战地位将更加突出,心理对抗将更加尖锐。因此,适应未来战争需要,强化作战人员的心理调控能力,将是当代军人共同面临的重大实践课题。

有攻就有防,心理进攻与心理防御相生相克,贯穿于心理战的全过程。信息化战争中,随着心理进攻使用的普遍、范围的扩大、威力的增强、样式的翻新,都对加强官兵的心理防御提出了新的挑战。在未来战场上,要保持己方高昂的士气,有效粉碎敌方心理进攻,赢得作战的胜利,就必须灵活使用心理防御的方法。战争实践证明,行之有效的心理防御方法主要有以下几种:

一、教育引导法

教育引导法就是以筑牢心理防线为目的,通过思想教育提高参战人员的政治觉悟,坚定敢打必胜的信心,激发高昂的战斗士气的一种心理防御方法。

(一)以灌输式教育打牢心理基石

灌输式教育的内容十分广泛,主要包括爱国主义教育、战争观教育、革命英雄主义教育、集体主义教育、军队光荣传统教育等。通过爱国主义教育,强化官兵的民族自尊心自豪感,坚定为捍卫国家主权和领土完整,保卫社会主义建设成果和人民和平幸福生活而战的决心;通过战争观教育,帮助官兵认清战争性质,增强为正义而战的责任感和使命感;通过革命英雄主义教育,引导官兵不畏强敌、不怕牺牲,增强敢打必胜的作战信心;通过集体主义教育,使官兵相互信任、相互依赖,获得可靠的归属感与精神动力,增强心理凝聚力;通过我军光荣传统教育,发扬英勇顽强、不怕疲劳、连续作战的作风,始终保持坚忍不拔、宁死不屈的革命气节。灌输式教育主要采取专题教育、英模报告会、形势分析会等集中教育的方式进行。灌输式教育的使用对于打牢官兵心理基础、抵御敌心理进攻,具有较为根本的、长效的作用。

(二) 以形象化教育激励战斗精神

形象化教育,主要采取观看电影电视、组织战地参观、召开誓师大会等形式进行。组织官兵观看大量以我军机智勇敢、顽强作战、不怕牺牲为主题的影视片,让官兵直观感受战争的残酷激烈以及战场环境的复杂艰苦,增强心理耐受力;利用心理学中的示范效应,激励官兵仿效影视主人公的英勇行为,争当战斗英雄。组织战地参观,让官兵亲眼目睹满目疮痍的战场景象,比如学校被炸、房屋被毁、战友伤残的情景,感受敌人的凶残暴戾,从而激发官兵为群众、为战友复仇的愤怒仇恨心理。召开誓师大会,宣布作战动员令,明确作战目标和任务,上级领导授军旗,组织官兵表决心、写血书、喝壮行酒,通过营造和渲染悲壮气氛调动官兵的参战激情。这种教育生动、形象、直观,外部刺激强烈,对于调动作战积极情绪、激发官兵斗志具有明显作用。

(三) 以随机性教育鼓舞作战士气

随机性教育主要是利用自然产生的或人为制造的外部刺激源,在作战间隙中见缝插针地开展教育。比如,当遭敌空袭和火力打击时,可以利用在掩体内躲避炮火的时候,及时进行宣传鼓动,坚定作战信念,消除恐惧心理;当敌人阵地屡攻不下时,可以利用调整部署的间隙,及时传递友邻部队的胜利消息鼓舞士气,消除受挫心理;当信息通道被阻断,与上级指挥员失去联系的时候,可以在努力恢复信息通道的同时,鼓励大家要相信上级会想方设法沟通联系,相信全体同志独立作战的能力,消除焦躁心理。随机性教育的机会是很多的,还可以利用战场立功、火线入党、战友伤亡、清理烈士遗物、地方政府慰问等时机进行教育，确保官兵始终保持积极的心理状态。随机性教育不在于时间的长短和内容的多少，而在于时机把握得当，教育内容针对性强。

二、信息控制法

信息控制法就是运用包括信息技术手段在内的各种方法，保持信道的畅通，保证能够以多种渠道、多种形式及时准确地提供有利于我方的各种信息，同时及时堵塞敌人信息传播的渠道，对敌人传播的信息加以控制，削弱敌人心理战的效果。

（一）舆论控制

舆论控制包括两个方面的含义，一方面是控制敌方舆论的扩散传播；另一方面是对己方的舆论实行检查监督，保持舆论宣传的纯洁与健康，制造有利于我、不利于敌的舆论环境。舆论控制的措施主要有：一是统一宣传口径。统一宣传口径，并不是要求所有的舆论宣传千篇一律，而主要是要求在舆论宣传中保持内外政策的统一性。进行宣传的口径必须统一在党和国家当时的方针、政策和战略意图下，要紧紧围绕有利于夺取战争胜利的主线，大力宣传我军战争的正义性，揭露敌人的非正义性和欺骗宣传；大力宣传我军作战的有利条件，坚定参战人员的必胜信心；大力宣扬战场上涌现的英雄事迹，鼓舞官兵的士气。为了保证宣传口径的一致，必须实行严格的新闻检查和监督。各级机关摄制的战况新闻、撰写的新闻或广播稿件、编印的战地小报和下发的反映战场情况的内部简报等，必须经过一定级别的政治部门审定后才能准予发布。二是要及时消除敌人的舆论宣传影响。指挥员要随时掌握所属部（分）队的舆论传播情况，对敌方的舆论宣传实行有效的干扰和破坏，对造成扩散的要及时予以驳斥，从而把敌人的舆论宣传影响限制在最低限度。三是做好群众宣传工作。参战部队官兵要积极做好战区群众的宣传工作，依靠地方政府和战区群众工作骨干，向广大群众讲清战争的正义性，把战争的真实情况、敌人的企图和我们的决心传达给群众，一方面动员和统一军民的言论和行动，另一方面争取群众舆论的理解和支持。

（二）谣言控制

谣言是一种没有事实根据，故意捏造出来迷惑人心的虚假消息，是敌人进行心理战的一种手段和最普遍运用的一种方式。它一般具有分裂作用、烟雾作用、诱骗作用和瓦解作用。及时消除谣言，对保持我官兵心理的纯洁性和稳定性具有重要意义。控制谣言，一方面要为部队提供正确的信息来源，保证正面信息传播渠道的畅通。特别是要注意及时向所属官兵通报敌我态势、友军情况，满足官兵对战场信息的迫切需求，同时防止谣言侵入。另一方面，发现不良谣言传播后，应立即组织调查了解，及时将情况上报，采取有效措施，严格控制谣言的传播和扩散，并根据谣言的内容和影响，用事实和道理及时予以揭穿，消除其不良影响。

（三）宣传品控制

宣传品是指敌人投放的一切载有心理战内容的物品和传播心理战信息的工具，包括传单、报纸、广告、书籍、杂志、光盘、音像带，有固定频道的收音机，以及印有宣传内容的小玩具、小饰品和礼品等。投放宣传品，是敌人实施宣传心理战的重要手段之一，是用来制造舆论、传播谣言的主要途径，它有投放简单、信息传播快、易被对方接受、难以控制的特点。对此，必须引起我们的高度重视，采取有效的措施严加控制。战前，要针对敌人投放心理战宣传品的特点，加强对干部战士的教育，使之了解敌人心理战的阴谋，对敌投放的心理战宣传品，做到不看、不传、不保留，做好预先防范工作。战中，对敌投放到我阵地的心理战宣传品，一经发现，应立即上报，并迅速组织心理战防御的骨干收缴封存，不使我方官兵接触、阅读和保存，并在政治机关专人监督下销毁。必要时，收缴的宣传制品选样上送，以供上级机关识别和采取相应的措施消除影响。对已经在一定范围内扩散了的心理战宣传品，要针对性地组织清理和"消毒"，彻底消除其负面影响。

(四) 媒体控制

电视、广播、专业电台是敌人进行心理战宣传的重要媒体工具。在未来信息化战争中，敌人有可能开设专门频道、频率，利用电视、广播、专业电台、通信线路、网络对我方实施心理战宣传。因此，有关部门要对战时使用电视机、收音机、微机等一切信息传播媒体做出专门管理规定。各级机关和营以下分队的信息终端，要指定专人保管。同时，还要加强各专业分队电台的管理，严格执行使用规定，防止敌方插入我方网络进行心理战宣传。

(五) 重点目标和重点人员控制

保证重点目标的安全和重点人员的稳定是心理防御的重要环节。未来信息化战争中，敌人在向我实施心理战的重点是首长和指挥机关。因此，要切实加强对指挥机构、设施的保护，防止被敌实施心理瓦解。要做到对重点目标和重点人员的控制，一是要确保要害部门、要害部位的人员纯洁。各级政治机关要根据有关规定对要害部门、要害部位的人员进行严格的政治审查，不适合的要坚决调离，并适时对这些门人员进行考察，及时发现问题。二是要及时了解基层官兵的思想和行为，发现有动摇倾向或有意传播不良信息的，要重点严加控制，确保部队的巩固稳定。

三、危机干预法

心理学上的危机，是指人因受到某种强烈刺激的作用，而处于身体或精神崩溃边缘的状态。信息化战争背景下的作战，对参战军人的心理刺激较之平时强度要大得多，特别是在高技术武器大量运用于战场的情况下，战场的紧张激烈程度是常人心理难以承受的，因而更加容易引发参战官兵认知、情感和行为的失调，导致战场心理危机的发生。巩固官兵的心理防线，除了需要加强教育引导、信息控制以外，还需要对战场心理危机给予高度重视。战场危机干预，就是对处于危机状态的官兵采取明确有效的措施，提供情感支持，缓解极度紧张、恐惧、悲伤的情绪，帮助官兵建立新的认识方法和应对方式，使其最终度过危机，达到新的心理平衡，以便更好地适应战场环境。

战场心理危机主要分为三大类型：一是战场负性应激反应。表现为因战场上过度紧张而控制不住自己，知觉、记忆、思维、言语和行为均受到影响，大脑产生抑制，多汗、失眠、记忆减退、动作失调，正常的战术水平难以发挥，完成任务困难。二是战场神经症。表现为产生精神障碍、运动障碍和感觉障碍，易兴奋、易激惹、易疲劳、易衰竭，有时突然发作强烈惊恐，并伴有喉部阻塞感、心跳停止感、濒死感，出现面色苍白、大汗淋漓、肌肉震颤，有的还会出现其他一些身体症状，如头晕、头痛、胸闷、心悸等。三是战场精神病。主要表现为：对周围的事物感知不清、意识模糊和极度恐惧，出现愤怒、惊慌、兴奋、幻觉等，产生冲动行为或盲目逃避行为，或在强烈、急骤的创伤后很快出现动作、言语停止，出现精神运动的高度抑制，形成僵直状态。

对官兵的战场心理危机干预，一般可分为三个等级。第一级是"自救""互救"。在心理疾病专家指导下，由平时经过训练的基层卫生人员实施。虽然战场条件使"自救""互救"治疗受到一些限制，但因所采取的急救措施是及时的，即是在前线或战场就近由同伴或卫生员进行紧急处理，因而通常效果较好。其救治措施通常是使处于心理危机状态的官兵脱离危险战斗地区，帮助其控制过度激起的生理状态，指导其进行自我心理调节，如调整呼吸、放松冷静，尽快恢复理智。采取这种措施的结果，可使大部分官兵恢复正常。第二级是战场救治。如果由于战场情况紧急或处于心理危机状态下官兵出现较重的急性应激反应，不能通过自救和互救解决问题，须进行战场救治。战场救治由战场心理疾病专家和有经验的部队心理疏导人员实施。根据病情进行分类，进一步做出明确诊断。治疗措施包括：使心理致伤人员保持安定，视情况给予食品、水和睡眠保证，对极个别病情严重的要使用镇静剂；对心理致伤人员进行耐心细致的心理调适，通过倾听与交谈进行必要的心理调节，并安排伤员做力所能及的工作，促使尽快恢复作战能力。第三级是后方救治。若战场救治无效，应送到远离战斗地区的后方治疗机构，进行较为长期的确定性的治疗。由心理疾病治疗专家和社会工作者实施。主要工作是对战场心理致伤人员进行心理干预和心理调适，使其能够重返社会，正常生活。

四、意志信念训练法

（一）奠定心理基础，以"意志"控制不良心理

现代行为科学认为，人的行为不仅与外界客观环境的刺激有很大关系，而且也与人本身的心理土壤直接相关。实施有效的心理控制，首要的是从心理基础——意志力上努力。爱国主义不仅是一股强大的凝聚力、向心力，也是一种强大的意志力。如果没有崇高的精神支柱，人的基本需要就会非常敏感和活跃，就会驱使个人想方设法去满足这些需要，甚至把它们置于国家利益之上。为此，加强以爱国主义教育为核心的战争性质、战争观、革命英雄主义以及心理战理论、知识等基础性教育十分重要。

（二）提高制胜能力，以"信念"控制不良心理

俗话说："艺高者胆大"，高超的战斗技能是良好心理素质的重要基础。因此，一方面应加强未来战争的研究，了解其特点和规律，特别是敌之作战样式和方法，同时还应努力掌握敌新式武器装备及其技术的主要性能、优缺点和对付它的有效方法，以在"实战"的环境中不断训练部队，提高技能和培育适应战场环境的心理素质。环境的外部效果与使用兵器的实际情况结合起来，这一切足以造成战斗气氛，在这种条件下会产生真实的紧张感，其行动也就不会是象征性的了，训练中，应有意识地设置各种突发性和危险性因素，如信息迷茫的环境、孤军作战的情境、快速反应的行动、变幻莫测的情况、实力强大的对手、突然而至的打击等。从而使心理上长时间地承受强大的负荷，不断增强战胜困难的心理感受能力。据外军有关研究，当经历两至三次这样重复训练后，96%的士兵可以有效地减少消极反应并树立起敢打必胜的信心。

（三）掌握调解方法，以"意念"控制不良心理

科学研究认为，主观能动性的发挥只有在掌握一定调节和控

制生理变化的手段和方法基础上,才能实施有效的心理控制,保持心理稳定。通常调节方法主要有:放松法。战争环境的刺激往往会引起人的身体和精神高度紧张,而这种紧张又会加剧心理的紧张,进而带来多种不良反应。实践证明,在紧张和恐惧之时,如果有意识地做一些放松活动,或将注意力从那些危险或觉得危险的事情上转移到完成任务上来,就可缓解紧张程度,紧张的情绪就可得到有效控制。暗示法。运用语言信息或某种特定方式来主动地调控自身的心理状态。如,"我不感到紧张,我很镇定""我一定能完成任务"等,可以有效地解除心理负担,消除心理不良反应,防止无谓地消耗神经能量,从而增强自己的力量和能量。转换法。外军研究表明,一个人在执行任务中如果代之以乐观向上的情趣,就能降低心理紧张程度,达到有效的心理控制。

(四)培育良好环境,以"氛围"控制不良心理

军人整体意志心理的高度稳定,是赢得未来战争胜利的重要前提和保证。军人的整体心理意识与军人个体的心理既有联系又有区别,军人整体意识的良好心理素质,离不开军人个体心理素质的提高,而保持军人个体心理状态的稳定,就必须有一个积极稳定的军人整体意识心理状态环境。环境会给人以深刻的影响,作战中如果个别人出现心理恐慌,而整个集体意志坚定,沉着作战,那么个人就会感受到集体的力量与安全,从而重新焕发出争取胜利的信心和意志。所以,平时重视加强军人整体意识、纪律意识、团结协作意识以及适应战斗集体进行自我控制能力的培养和训练,对于夺取战争胜利十分重要。

五、识别反击法

识别反击法,就是运用多种手段,通过对各种情况的分析、判断,辨明敌实施心理战的企图,进而有针对性地予以反击,削弱敌心理进攻的效能,实现对己方积极心理防御的方法。识别反击有很多方法,其一般程序为:

(一)观察统计

观察是对敌实施心理战有目的、有计划、有思维参加的知觉

过程，统计就是对敌心理进攻的情况进行汇总量化。观察统计，就需要在充分做好各项准备基础上，全面了解掌握敌方心理进攻的重点方向、作用对象、主要内容、技术手段、实施强度。重点方向，指敌心理进攻是对我前方还是后方，是对我军还是友军；作用对象，指敌心理进攻是对首脑机关还是基层部队，是参战官兵还是普通民众；主要内容，指敌心理进攻是恐吓威慑还是造谣欺骗，是精神施压还是物质利诱；技术手段，指敌心理进攻使用的是传单还是广播，是虚拟幻象还是网络工具；实施强度，则主要指敌心理进攻实施的范围、频率、数量等。

（二）分析判断

未来信息化战争中的心理战，是一个立体的整体结构，是由许多环节和因素构成的系统。因此，在分析判断中，必须对敌心理进攻的各种错综复杂情况进行梳理，运用心理学原理，对观察统计到的大量原始资料包括文字、图片、影像等信息进行全方位、多角度、全过程地研究，以深刻揭示出敌方心理进攻的真实意图。还可以使用反推法，从敌方的角度来设想和分析可能对我实施心理作战的策略和手段，把敌人在战场上制造的假象与敌人的心理攻击联系起来，对敌方的实际作战企图和作战行动做出科学判断，为我军采取有针对性的应对措施提供重要依据。

（三）实施反击行动

在对敌心理进攻做出准确判断后，采取针对性措施，与敌针锋相对，"以其人之道，还治其人之身"。一方面，可以从内容上反击，就是针对敌人心理进攻中的荒谬言论、错误逻辑和歪曲事实，予以揭穿和反击，不断揭露敌人心理进攻的真实企图，消除我军官兵对事实和事态的模糊认识，进一步端正我军官兵对战争的正确态度，增强防护力和抵抗力。另一方面，可以从手段上反击，就是采取军事行动，对敌心理战机构或心理战部（分）队进行火力打击或破坏，使其丧失心理进攻能力。或者通过各种电子手段的干扰和利用电子对抗的方式，压制和打击敌人的心理攻击和渗透，瘫痪敌"神经中枢"，使敌方陷入混乱状态，为我方心理作战创造条件。

犯边必诛
——谈海上维权的心理防护

国家安全与每个国民、每个家庭的切身利益密切相关。"国家兴亡，匹夫有责"是对每一个国民的基本要求。中华民族是一个有着悠久历史和灿烂文化的伟大民族。在世界上诸多文明古国中，能使民族、国家以及相应的思想、文化得以延续、传承而不曾中断者，中国可以说是唯一的一个。这种完整一贯的发展历史，培育了民族的向心力和凝聚力，锤炼了大家维护国家和民族统一、勇于抵御外患的尚武精神，形成了习武尚文、文治武功的优良文化传统，涌现出无数忧国忧民、为国尽忠的仁人志士。岳飞、文天祥、郑成功、林则徐、邓世昌等就是民族英雄的杰出代表。

21世纪远不是一个和平的世纪，我国的国家安全面临着许多严重的威胁，比如说南海问题、东海问题、东突恐怖主义和极端民族主义分裂势力。我们每一个中华人民共和国的公民或成员，都应有强烈的忧患意识，真正认识到维护国家安全的重要性、长期性、艰巨性和复杂性，自觉地以维护国家安全为己任。这样才能保证我国强国富民，昂首屹立在世界民族之林。

一、面对事件压力的心理反应

任何人都有面临压力的经历，如家人得了重病，我们会心急如焚；夫妻闹矛盾，当事人会茶饭不思；自己的钱财被坏人抢去，我们会生气好几天。可见，遇到突然来临的各种意外事情，我们内心都会做出一定的反应，这就是心理反应。

海上维权，是很多人以前没执行过的任务。中间可能会出现多种意想不到的情况，比如敌对国可能派人武力威胁，可能会主动用舰船冲撞我们的渔船，还可能编造理由强行扣押我们的渔船、关押我们的人民。遇到这些情况，每个人心里都会出现程度不等的反应。了解维权过程中可能会出现的不良心理反应，掌握调控的一般方法，对于保持执行任务人员的心理健康，保持高昂士气，显得至关重要。

在第一次世界大战中，出现了一个非常有意思的名词——炮弹休克。当时，交战双方的很多士兵出现了不能自控的木僵和呆滞状态，而战争的指挥者认为这种现象的出现是巨大的炸弹爆炸后产生的冲击波对人大脑的损伤所导致的。当时，这种解释完全是从生理学角度出发的，而没有意识到这其实是心理学上的心理应激反应。第二次世界大战中，美军的心理应激反应比第一次世界大战提高了3～4倍，美军因此损失相当于9个师一年的作战能力。1973年的阿以战争中，以色列军的精神性减员占卫生减员总数的30%。而在20世纪80年代的一场局部战争中，伊拉克向以色列境内发射了35枚导弹，直接造成死亡200余人；而由于强烈的恐惧，有800人患上了不同程度的精神障碍。

美军执行海外任务最多，但依然有80%以上的参战者都有恐惧体验，但只有不到25%的人因恐惧而丧失战斗力。

（一）焦虑反应

焦虑心理，是指没有客观对象和具体内容的提心吊胆和恐惧不安的心情。在执行重大任务之前，有些战友由于对接受任务无底数，对能否顺利完成任务无把握，对事态发展走向不确定，出现坐卧不宁、烦躁不安等。行动前焦虑主要表现为：胸闷、心悸、心神不定、心跳加快、呼吸急促、忐忑不安、睡不着觉，甚至有个别的战友一个晚上要上厕所五六趟，还有的人反应比较慢，注意力不集中。

（二）恐惧心理

恐惧，是指面对复杂、严酷的现实或血腥的场面时，心理产生的恐慌、惧怕的情绪。恐惧心理表现：目瞪口呆、惊慌失措、面色苍白、浑身发抖，支配或控制自己的能力减弱，不能正确地实施处置行动，甚至有退缩、逃避行为。产生恐惧心理的原因，一是年龄小，缺乏相关处置经验，二是心理承受力差，缺乏相应的锻炼实践，三是受谣言冲击，过分夸大对方的战斗实力。恐惧心理严重影响了官兵的智能、体能、技能的发挥。恐惧心理还具有很强的传染性,把个人的情绪传递给周围的人员。

(三) 紧张心理

紧张心理,是指官兵在执行任务当中,由于外部的危险和随时可能发生的意外所引起的一种心理状态。紧张心理具有积极的一面,适度的紧张容易调动人的生理潜能,发挥积极作用,使人的潜力爆发出来。李广射虎就是典型的例子。紧张心理更多的是消极的影响,过度的紧张会出现呼吸加快、肌肉紧张、身心失调,很容易造成失误。

(四) 抑郁情绪

抑郁是指官兵在作战受挫、情绪得不到释放而烦闷、压抑的一种心理状态。一般来说,有抑郁情绪的人,心理负能量战胜了正能量,表现出情绪低落、孤言寡语、动作迟缓、不愿意跟他人交流,个别人会产生自残、自杀的念头。几年前美国兰德公司就公布过一份独立报告,称从伊拉克以及阿富汗前线返回国内的美军士兵,大约有30万人遭遇了严重的心理障碍。其中有些士兵患上了"创伤后压力综合征",有些得了抑郁症。但是超过半数的士兵因为各种原因并没有得到心理医生的及时治疗,很多人产生自杀的念头。

(五) 疲劳心理

疲劳心理,是指官兵在海上颠簸中经过长时间或者高强度刺激之后,神经负担过重而出现的一种被动、涣散的心理状态。连续执行维权、得不到休息、没能很好轮换的情况下,疲劳表现更加明显。

二、发生心理反应是否正常

军事心理学研究表明,面对突发情况,或者执行特殊任务时,发生的任何心理反应都是正常的,而且任何人都可能会在这种情况下产生这种心理。

举个例子,前几年包头发生空难后,参加打捞尸体的几名武警官兵晚上竟不敢去黑暗的地方、不敢进黑屋子,采访空难后的记者不敢乘坐飞机。但是经过心理疏导后,他们的恐惧心理都消失了。2008年四川发生特大地震后，部队官兵很快赶到并投入抢险救人战斗，很多新兵，甚至初次搬运死人尸体的老兵，都发生了心理问题，如恶心、吃不下饭、害怕、内心焦躁，发生的比例大约为20％；2003年"非典"流行时，一些人反复测量体温、洗手，一天多次打扫卫生，就是强迫心理的表现；在公共场合，听到一声正常的咳嗽或喷嚏就吓得赶紧远离，这都是心理反应的表现。

　　平时发生突发事情后人们心理会有变化，那么战争时期呢？这里也举个真实的例子。第二次世界大战时期，盟军的一名士兵被纳粹俘虏，纳粹兵突发奇想，把被俘士兵绑在床上，将带胶管的针头插进这名士兵的胳膊，声称要通过缓慢放血将其处死，随后，这名被俘士兵听到自己的血一滴滴地落在床下的脸盆里。时间一分一秒地过去了，士兵感到自己越来越虚弱，惊恐使其脸色苍白、四肢冰凉。5个小时后，等纳粹敌人再进来时发现士兵已经死亡了。其实，士兵的血一滴也未被放掉，胶管另一头是扎死的，所听到的"滴嗒滴嗒"的声音只是另一瓶水漏在脸盆里而已。这名士兵是被吓死的。

　　当然，对于训练有素的军人来说，面对紧急情况反而会镇定自若。如抗日战争时期，我军某部在一个村庄里集合时，来了几架日本飞机，队列里民兵因为紧张、恐慌而有些骚动，此时部队首长神态自若、镇静自如，一面说："飞机还远，没有关系；这飞机是过路的，不配合作战。"一面迅速组织群众掩蔽。部队首长这种坦然的举止和语言，间接地告诉大家："不要紧，现在没危险。"使大家的情绪立即稳定下来，有条不紊地迅速撤离了现场。

　　由此可见，我们既要认识到突发情况下任何心理反应都属于正常的，但更要认识到，这些心理反应也可以通过心理调控降低到最小限度。

三、执行海上维权需具备四种心理能力

（一）心理耐受力

海湾战争时多国部队对伊实施了 38 天不分昼夜的连续轰炸；科索沃战争，美英联军对科索沃实施了 78 天的连续轰炸；伊拉克战争：不分昼夜持续作战 42 天。在高强度不间断作战情况下，交战双方都连续处于极度疲劳状态，战斗人员精神紧张、睡眠不足、体力消耗大，极易产生精神疲劳症状，使战斗顽强性和积极性降低，出现无组织无纪律现象。这对官兵的心理耐受力是一种严峻考验，特别对受打击一方官兵的心理影响更大。

海上维权的时间可能会较长，而且海上生活环境不同于陆地，即使长期出海捕鱼的渔民，长期在海上漂泊也会感觉不适。出海期间饮食、睡眠、起居等都不如陆上方便，可能连续几天吃不上一顿好饭，连续几天睡不上一个好觉，心理耐受力差的人，会产生情绪烦躁、牢骚、抱怨、意志消沉，无故指责身边的人等。这些不良反应是由于严重疲劳、睡眠不足、生活习惯严重改变所致。因此，事先我们要有这方面的心理准备，一旦出现了上述情况，需要我们发挥超常的心理耐受力。

（二）心理承受力

德军作战研究中心人员指出：心理承受力低会使人失去正常的思维、表达和自我控制能力，严重的将导致精神崩溃、行为失常，甚至完全丧失战斗力。据统计，正常人初上战场，为抵抗枪炮声的噪音，需要花费 45% 的精力。有的人一听到枪响就两眼昏花，不能瞄准，严重的还会引起全身瘫痪。第二次世界大战中，美国陆军的心理伤员大体上占全部伤员的 11%；步兵、装甲兵等直接作战兵种的心理伤员占 16%。英阿马岛战争，英军公布的精神失常人数占全部非战斗减员的 2%，实际上达到 10%以上。1995 年，以美国为首的北约战机对波黑塞族进行连续轰炸，在意大利接受治疗的克罗地亚士兵透露出一个惊人的消息：为了克服对战争的恐惧，克罗地亚的军队每天两次向身心比较脆弱的士兵分发少量的海洛因，那些执行特别危险的任务的士兵可

以得到毒品以克服恐惧。由此可见，执行军事任务除了要改善部队的防护条件之外，还要求参战人员具备比一般人员更强的心理承受能力。

（三）战场应变力

现在是信息社会，两军对垒，沙场拼杀，作战双方有形力量直接拼杀的情况相对减少，代之而来的是在看不见的战线上所展开的智能较量。在人与武器的结合上，人的智力因素开始上升为首要位置。它要求战斗人员必须具有更高超的智慧和才能来驾驭各种武器装备。研究表明，军人的心理能力更多地体现于战场环境，由于战场环境瞬息万变，军人心理面临着各种复杂、危险的情况刺激，心理始终处于高度紧张和波动之中，如果没有良好的心理应变力，就难以与敌人斗智斗勇。

（四）心理战能力

心理战是以综合国力为基础，充分运用以信息技术为核心的各种高新技术手段，争取国际舆论，显示力量和决心，给对方造成心理威慑，使其不敢贸然行事，或行动有所收敛，或因其同盟被分化、民心被瓦解而被迫停止行动；同时，使我方受到心理鼓舞，民心士气、凝聚力、战斗力得以提高。心理战的特点是：军事目标和政治心理目标高度重合；军事实力是心理战的力量基础，海湾战争、科索沃战争等等大量事实说明，兵战的实力越强，心战效果越好；心战和兵战越来越趋于一体化。

在海上维权中可能用到的心战策略是战场喊话。现场喊话提倡包括政策宣传、安抚劝降、分化策反、警告威慑等内容，应具有主题的鲜明性、内容的针对性、语言的简洁性、心理的共鸣性。喊话的方式包括：先打后喊、先喊后打、边打边喊、边追边喊、先围后喊。

四、执行海上维权行动中如何开展心理防护

（一）通过认清维权的正义性来提高行动的勇气和决心

南沙群岛、中沙群岛历来就是我国的领海区域，外交部也反复对外阐述我国立场。然而，一些小国为什么敢于"蚂蚁挑衅大象"呢？不言自明，背后有大国给他们撑腰，或者说光脚的不怕穿鞋的。如果你打它，它就说你恃强凌弱，如果你放任，它就得寸进尺。这就是现实基本情况。至于我国还不还击，何时还击，这是党中央、中央军委从战略高度考虑的事情。我们执行海上维权就是战略行动的一个步骤。

　　我们的军队为什么能够从弱小发展到今天如此壮大？为什么过去战争年代我们能够用小米加步枪打败敌人的飞机加大炮？为什么能够取得朝鲜战争的胜利？关键的一条就是，我们进行的是正义战争。毛泽东是伟大的军事家、战略家、思想家，他在革命战争年代就明确指出："历史上的战争分为两类，一类是正义的，一类是非正义的。一切进步的战争都是正义的，一切阻碍进步的战争都是非正义的。我们共产党人反对一切阻碍进步的非正义的战争，但是不反对进步的正义的战争。对于后一类战争，我们共产党人不但不反对，而且积极地参加。"对于南海局势，无论何时我们都要树立维权必胜的信心，因为我们是正义的一方，我们是在维护我们国家的领土领海完整，而且，世界上所有坚持正义的国家也赞同、支持我们的领海要求和主张。我们海上维权，祖国人民是强大的后盾和靠山，维权的正义性是我们执行任务的勇气和信心依靠。

　　（二）通过认清维权的合理性提高行动的底气和信心

　　据农业部南海区渔政局不完全统计，1989年至2010年周边国家在南海海域袭击、抓扣我渔船渔民事件达380多宗，涉及渔船750多艘、渔民11 300人。其中25名渔民被打死或失踪，24名渔民被打伤，800多名渔民被判刑。这些国家的所谓"行政执法"和"刑事司法"行为，很大程度上被他们视为"宣示主权的行为"。例如，1995年62名在南沙仙娥礁捕鱼的中国渔民被菲律宾当局扣留，在接下来近一年的时间内，被菲律宾公开开庭审讯28次，而且每次都要请许多记者来拍照。菲律宾当局通过夸张性地公开行使审判权宣称"主权"的意图非常明确。2014年5月12日，菲律宾扣押中国渔民事件进入刑事诉讼阶段，该国司法部门以"非法盗猎"罪名"起诉"9名中国渔民。

在争议领土行使刑事管辖权，表明了一个国家主张或保有主权的意向，是具体的主权诉求行为。特别是当一个国家对争议领土具有充分和正当权的前提下，长期的、持续的刑事管辖权的行使，有利于强化主权维护。在南沙群岛主权争议中，部分当事国片面地认为，中国存在主观上的放弃意愿和客观上的疏于治理，在南海行使刑事管辖权，就是对争端国上述主张的有力回应。根据《联合国海洋法公约的规定》，沿海国对管辖的各类海域拥有不同的管辖权，并且沿海国与其他国就某些海域在刑事管辖权上可能还存在"共享"问题。此外，南海海域不但有相关争端国主张所谓主权和主权权利，而且海域划界除北部湾之外其他海域尚未明确。在南海海域行使刑事管辖权，总体来说需要既积极又稳妥，既合法又适宜。由此可以看出，我们执行海上维权既合理又合法，应当理直气壮地进行维权行动。

（三）通过认清维权的积极效果提高行动的正气和仁心

海上维权维的是我国领土完整和尊严，执行任务的人员完全可以大张旗鼓、义正词严地面对任何挑衅者。香港《文汇报》日前评论指出，菲律宾近期针对中国的一系列行动均经过周密策划，意在试探美国的态度。亚太问题专家、广东国际战略研究院教授周方银表示，菲律宾的做法就是要迫使美国明确表态支持菲方。美国则处于两难境地，如果怂恿菲律宾大闹南海，则不利于地区稳定，有损中美关系；如果对菲采取约束，则会降低菲律宾在南海对中国的牵制作用。菲、越海上武力与中国对抗完全没有胜算，却敢向中国"叫板"，无疑指望美国作其后盾。但从美国处理乌克兰危机看来，美国并不愿见南海目前有军事冲突。我们执行海上维权行动，就是让相关国家更清晰地认识到中国维护自身主权权益的决心，要更加彻底地打掉任何非分之想；其次，是要让菲律宾认识到不断挑战中国的做法是会有代价的，要让其对代价的认识更加清晰、更加明确，而不是留下太多模糊的空间；第三，则是要让菲律宾看到双边谈判是有出路的，而不是只有对抗一途。当然，大国之仁是有底线的。

（四）通过认清中国不惧怕战争提高行动的霸气和雄心

中国领导人一再表示，在事关中国主权和领土完整的重大原则问题上，"我们不惹事，但也不怕事"，将坚决捍卫中国的正当合法权益。央视特约评论员、军事专家尹卓将军：再不能让菲律宾这样为非作歹下去，哪里有我们的渔船，我们的执法船都应到哪里。如果菲律宾胆敢用武力来威胁我们的执法船，那么对不起，我海军舰艇就要到位。我们跟菲律宾的执法力量、海军力量相比那就是一个大人对着一个婴儿，打一巴掌它都受不了。如果菲律宾再为非作歹，这"一巴掌"早晚要打下去，而且会打得他痛不欲生。

泉州晚报（2014年5月13日）对中菲南海力量进行了对比。菲律宾海军在整个东南亚海军当中是最小规模的海上力量，说实话能不能称为海军都不好说。菲律宾海军现役总兵力为2.4万人，主要作战舰艇66艘，辅助舰艇50余艘。但仔细观察其舰艇组成，实在是令人无法恭维。菲律宾海军最大的军舰是"德尔皮纳尔"号，它是美国海岸警卫队"汉密尔顿"级巡逻舰，是一艘有40年舰龄的老舰。该舰的航速、适航性、续航力较好，但是武器装备非常薄弱。菲律宾海军火力最强的战舰是一艘参加过二战，舰龄68年的护卫舰。在空军和航空兵方面，菲律宾海军拥有14架飞机，空军只有从韩国购买的几架KT-1螺旋桨教练机、OV-10和几十架直升机。上述这些飞机都不具备海上精确打击能力，甚至打击陆上目标都很困难。而中国海军在南海拥有一支强大的南海舰队，共有舰艇350多艘；南海舰队空中力量有两个海军航空兵师，包括一个战斗机师和一个轰炸机师。南海舰队的海军陆战某旅，常年维持着极高的训练水平，两栖作战能力绝对达到世界一流水平，是中国军队中战斗力最强的劲旅之一。上述强大兵力均可以在南海危机中凸显作用，其中大型水面舰艇可以在无海上补给的情况下航行至仁爱礁并进行一定时间的部署。任何一艘战舰拉出来都可以将菲律宾海军"包饺子"。菲律宾倚仗美国，狐假虎威。同样，越南的军事实力也强不到哪里去。所以，执行海上维权，我们有十足的底气显示出我们的豪气和霸气,让对方知道我们不是在和他们"过家家"。

(五)从心理科学角度进行心理防护

1. 信心激励

信心激励就是用责任感、荣誉感、爱国主义情操和英雄的事例来鞭策自己,鼓励自己和战友同艰难困苦作斗争。在攻打隆化战斗中,郅顺义亲眼目睹了董存瑞舍身炸碉堡的场面,没有被董存瑞的牺牲而吓倒,相反被英雄的壮举而感染,决心以董存瑞为榜样,为人民杀敌立功,最终也成为一名战斗英雄。信心激励的具体方法包括:用信心战胜恐惧、用正义感坚定必胜信念、蔑视对手,他们才是真正的胆小者。朝鲜战争、对越自卫还击战其实距今并不遥远,实战证明任何大风大浪都是能够战而胜之的。说到害怕,其实对方比我们更害怕,这么多年来中国一心一意发展经济,经济总量已跃升至全球第二位,这为我军跨越式发展提供了强大支撑,我们的武器装备不断推陈出新、更新换代,给了世界一次又一次的惊讶。执行海上维权不是孤军作战,我们的身边、身后就有强大的海空军做后盾。一旦发生战争,其实还是综合国力的较量,所以,我们没有害怕的理由。

2. 暗示诱导

就是用一些积极的言行来肯定自己或者诱导他人,达到强化信念、控制行为的目的。如面对危险的冲突情境,可默念"要沉着冷静""用不着害怕,敌人比我们还紧张""坚持就是胜利"等语言,以起到稳定自己情绪的作用。在遇到意想不到的情况时,适当地进行自我安慰,可以缓解内心的矛盾冲突,消减焦虑、懊丧、抑郁、烦恼和失望情绪,保持心理稳定。老山前线二等功臣张亦兵回忆自己舍身救战友的情景时说:"当时我的体力已经不行了,但想到身上的战友,我咬紧牙关,对自己说:'坚持住,快走,快走,决不能让已经负伤的战友在我的背上再次受伤。'"正是这种不停的自我暗示,使他最终顽强地把两名重伤战友从枪林弹雨中抢救出来。执行海上维权任务,大家就是一个整体,一个不可分割的团队,我们要善于用积极、乐观的情绪替代消极、悲观的情绪,用勇敢、刚强的品质替代怯懦、怀疑的品质,用欢声笑语替代沉默冷对。指挥人员要多关注大家的积极向上的心理品质,多发现身边性格开朗、幽默风趣的同志,用他们的豁达、坚韧之心感染每一位人员。

3. 注意力转移

注意力转移是把外界压力带来的焦虑转移到外界环境中去,达到解脱压力的一种方法。比如可以在任务现场危险缓解时,有意把注意力放到现场以外的事物中去,读书、看影碟、聊天等,都不失为好的心理转移法。在老山前线,很多官兵为减缓异常心理带来的压力,在猫耳洞里种养老山兰,这一活动很快在战地推广开,对平抑官兵异常心理发挥了重要作用。就组织者而言,如果条件允许,可以带上一些书籍、播放机、音乐光碟,或者简单的乐器,让每个人选择自己的爱好,利用执行任务的间隙,开展一些娱乐活动。特别是要重视音乐的调节作用,音乐具有明显的调节情绪的功能,如节奏明快、铿锵有力的音调能振奋人的情绪;旋律优美、悠扬婉转的音调能使人情绪稳定、轻松和愉快。

4. 表情调节

平时,人们遇到棘手的问题时,心情会变坏,脸上就会出现各种负面情绪。最常见的是唉声叹气、眉头紧锁、焦躁不安、做苦瓜脸。一个人脸上带出的消极表情,会传递给周围的人,影响其他人的情绪。群体中有一个或几个人的负面情绪,会导致群体不良情绪反应。因此,出海执行任务期间,即使我们承受巨大的心理压力,也应尽量克制自己,把这种情绪掩藏起来。心理学研究表明,表情也是可以调节的,把负面情绪调节为正面情绪。具体办法是,心情不好的时候,可以做做深呼吸,眺望远方,或喝点水,与家人、朋友打个电话聊聊天。如果看到周围的人心情不好,你可以给他一个拥抱,或拍拍其肩膀,于不经意间讲个笑话调节调节气氛。总之,即使不能一直保持阳光灿烂的笑容,也尽量不要用消极表情来伤人伤己。

5. 疏导宣泄

疏导宣泄法是指将外界压力带来的愤怒、焦虑等不良情绪发泄到外界环境中去,进而控制感情状态的方法。比如,当被敌人的嚣张气焰激怒时，不妨大声怒吼，或化愤怒为斗志，促使气恼的心情平静下来。有的战友因为想到伤心的事而悲伤，他想哭的时候就让他痛快地哭出来。有的战友心情烦躁，坐立不安，就要引导他们把憋在心里的话说出来、倾述出来。有的战友宣泄、发怒，讲了粗话、摔了东西，只要不影响大局，也不要太责怪他们。

6. 放松恢复

放松就是要因地制宜地利用战场环境和战斗间隙营造一种轻松愉悦的氛围，缓解官兵过度紧张心理。深呼吸放松法是最常用的放松法。具体做法是，采用鼻子呼吸，腹部吸气。双肩自然下垂，慢慢闭上双眼，然后慢慢地深深地吸气，吸到足够多时，憋气2秒钟，再把吸进去的气缓缓地呼出。自己要配合呼吸的节奏在心里默念："吸……呼……吸……呼……"，呼气的时候尽量告诉自己我现在很放松很舒服，注意感觉自己的呼气、吸气，体会"深深地吸进来，慢慢地呼出去"的感觉。重复做这样的呼吸20遍以上，就会收到很好的效果。这种方法虽然很简单，却常常起到一定的作用。

五、良好的后勤保障也是心理防护

现在生活条件改善了，在战士出海执行任务期间，伙食、饮水、洗澡等保障要根据船上条件尽可能做得好些，保证开水供应，保证饭菜可口，一日三餐尽可能提供热菜热饭，让大家多休息，每天尽可能睡足6～8个小时。医疗人员要跟上，及时发现发病迹象，积极预防，积极治疗，对于伤病员，要认真救治，任何人小病情都马虎不得。对于身体比较虚弱的人员，要多照顾，多伸援手。由于离开家时间较长，每天要让人员跟家里通电话，报平安，跟家人谈谈心、通通气。如果条件允许，可以带上一些书籍、播放机、音乐光碟，或者简单的乐器，让每个人选择自己的爱好，利用执行任务的间隙，开展一些娱乐活动。特别是要重视音乐的调节作用，音乐具有明显的调节情绪的功能，如节奏明快、铿锵有力的音调能振奋人的情绪；旋律优美、悠扬婉转的音调能使人情绪稳定、轻松和愉快。

六、促进心理稳定的注意事项

下面几种情况是我国历次战争及外军经验的总结,对维护参战人员的心理稳定性具有重要作用,值得参考借鉴。

(1)指挥员的言行具有示范作用,任何时候要身先士卒。

(2)指挥员在任何时候都不应有放弃、后退甚至逃跑的念头和行为。

(3)充分利用我党我军的政治优势,适时进行爱国主义和革命英雄主义教育。

(4)及时传播胜利、成功的消息,鼓舞士气。

(5)不要相信手机、敌方电台广播发布的流言和谣言,坚信上级传达的指示是唯一正确的。

(6)对表现勇猛、果敢、处置情况准确的人员及时予以表彰,包括精神表彰和物质表彰。

(7)执行任务期间不许酒精滥用,过量饮酒具有麻痹神经作用,使人丧失理智和判断力、决策力。

心事心匙
——谈青年官兵的心理疏导

一名心理学工作者多次对熟人或朋友突然问一个问题:"你有没有心理问题?"由于对方没有心理准备,多数情况是稍加思索便回答:"有,谁没有心理问题?"如果再接着问:"你是如何解决的?"则回答是五花八门,有的说"内部消化",有的说找人聊聊,有的说喝酒解闷,有的说砸东西,等等。这说明两个问题,一是人们越来越敢于承认自己心理有过疾病,二是人们对如何进行心理调适或找人进行心理疏导还有模糊的地方。这里就讨论这个问题:如何进行心理疏导?

一、什么是心理疏导

军队心理疏导是在部队思想教育、心理咨询工作中的一种谈话方式,指部队管理人员和心理咨询人员通过疏通和引导的方法帮助咨询官兵解决心理问题的过程。疏通,指开启言路,让咨询官兵畅所欲言、具体真实地讲出自己成长中的内心感受和心理问题;引导,指循循善诱,因势利导,针对咨询官兵的心理问题和个性特点,用其乐意接受的形式和方法来指导他们克服困难,完善自我,提高心理健康水平。咨询官兵倾诉其内心苦闷、心理问题之后,心理咨询工作人员不是做直接的解释、指导,而是引导他们去进一步思考这些问题是如何产生的,其后,引导他们去找寻脱离困境、解决这些心理问题的方法。心理疏导在部队也是管理工作中常用的方法之一。

(一)心理疏导强调"主动"

由于官兵心目中对心理疏导存在一些模糊认识,认为只有有病的人才需要去做心理疏导,而他们自己无论如何也不认为自己有病。其实,寻求心理帮助的人绝大部分都是心理健康的正常人。他们在生活中遇到了自己无法解决的问题,比如学习问题、人际交往问题、恋爱问题、婚姻问题、家庭关系问题、工作压力问题、职业选择问题等,他们被这些问题所困扰,使自己心理健康水平有所降低,出现了一系列的不良情绪反应。因为在官兵中存在这样的偏见,当我们开展心理疏导工作时,应该变"等客上门"为主动出击,深入到官兵中间开展工作。

(二)心理疏导贵在"随机"

心理疏导与心理咨询不同,心理咨询有着严格的程序和系统的方法,对场地、环境也有着一定的要求。而心理疏导却不然,它可以在任何场合、任何时间、任何地点,随机地对战士进行因势利导。这种看似谈心的形式,可以避免因前面所讲的错误观念而给战士造成不必要的心理压力,从而更容易走进他们的内心世界,与他们进行沟通与互动。

(三)心理疏导功在"经常"

有的同志把心理疏导看成是特效药,一针见血,一次见效,其实不然。心理问题和身体问题有个共同特点:病来如山倒,病去如抽丝。不能期望一次疏导就可以解决问题,比如错误的观念、不健康的行为方式、童年不幸经历的创伤都不是在一夜之间形成的,当然也不可能在一夜之间得到解决。因此,对心理问题需要具有一定程度的耐心。

(四)心理疏导重在"明理"

所谓明理,就是了解相关的理论。进行心理疏导,必须掌握一些心理学的理论知识。用心理学的理论诊断问题的性质、程度,分析问题的成因,确定解决的方案。因此我们要有效地开展心理疏导工作,掌握一些发展心理学、社会心理学、变态心理学、咨询心理学的知识,是很有必要的。

(五)心理疏导的目的是维护官兵的心理健康

保持官兵的心理健康是新形势下军事斗争准备的需要、健康的心理也是官兵发挥潜能,保持高昂战斗力的保证。心理疏导的目的就是帮助官兵解决心理问题、心理困惑、心理障碍,调节情绪,平衡心态,健全人格,矫正行为,恢复和增进心理健康。

二、诱发心理问题的六大危险信号

心理疏导和心理治疗不同,心理治疗只针对各种心理疾病、心身疾病、精神疾病早期和康复期,以及躯体疾病伴发的心理反应等等。而心理疏导则是对官兵在部队生活各个方面的疏导,包括军事生活的适应和成长问题、紧张训练的心理应激问题、青年官兵的婚恋问题、人际关系障碍问题、军人的家庭生活问题,以及各个年龄段军人的心理卫生问题等等。还有,由于部队战士群体正值青春期,情绪障碍、性心理障碍等也是主要问题。总之,凡属部队生活能涉及并能带来心理困惑的问题都可以进行疏导。其实每个人都可以是心理咨询师,了解下面几种信号,就知道对方可能有心理问题。

第一个危险信号:人际关系紧张。根据资料,目前在官兵常见心理问题中,大约有一半是由人际关系引发的。反过来也一样,有心理问题的人往往存在人际关系不和谐。由于人际关系紧张,故更多地产生怨恨、愤怒、嫉妒、敌意等恶性情绪,这种情绪是毒药,长期压在心里必然导致一个人呈现出心理上的症状。有一位副处长对处长不满,写了几封匿名告状信,但经上级核对是假举报,在确认是副处长写的信后,组织上处理这名副处长转业。后来地方知道这名副处长性格不良(进而认为品行不端),没有单位想要,最后分到一个养猪场当副场长。现实中还有人因人际关系导致的病态人格,最后杀人放火的不乏其人。所以,对人际关系不和睦的人,我们要提高警惕,分析具体原因,对症下药。

第二个危险信号:成长环境恶劣。根据有关部门统计,在我们部队所发生的事故案件中,有很大一部分当事人的成长环境与常人不同。这些不同主要表现在:单亲家庭(父母离异或亡故);空巢儿童(父母外出打工);家庭暴力及与之相反的过分溺爱;幼年和童年经历过灾难性事件(经受过灾难刺激或经受过其他一些强烈刺激)等情况,都属于成长环境恶劣的范畴。在心理咨询学中有一条黄金法则:成年人的心理问题在儿童时期找，儿童的心理问题在其父母身上找。讲的就是在恶劣环境中成长起来的人，长大后或多或少都会有些心理问题。当环境变得适宜心理问题滋长时，这部分人较其他人更容易成为心理问题的易感人群。

第三个危险信号：重大生活事件的强烈刺激。这个问题不难理解。试想一下，当一个人遭遇到亲人重病或亡故、婚恋失败、家庭纠纷、事业受挫等打击，必然会引发心理上的波动，这些波动包括悲伤、绝望、焦虑、愤怒、抑郁等一些负面情绪。现实中非常恩爱的老夫老妻，如果一方去世，另一位不久就跟着离世。人们往往不理解，其实这是因为在世的一方对老伴始终放不下，心理调整不过来，最后导致心身崩溃。这就是"祸不单行，福无双至"的道理。

第四大危险信号：环境突然变化。俗话说铁打的营盘流水的兵。新兵入伍，老兵转退，工作调动，职务调整，执行任务等等这些，必然导致环境变化，每一个军人或多或少都会遇到。有一名二期士官在没有转成三期的情况下自杀了，还留下一封遗书，大致是讲领导收了自己多少钱，却不给转三期。一般人觉得不可理喻，人的生命是可以用金钱来衡量的吗？所以说当我们身边的人生活、工作环境发生突然变化时，对一些性格内向的人要多加注意。

第五大危险信号：压力。不同年龄段有不同年龄段的压力，不同岗位有不同岗位的压力。压力是魔鬼与天使的结合体。当我们能认清压力，有效应对时，压力带给我们的是天使的笑脸，使我们的工作效率保持在一个较高的水平，使我们更加热爱工作。而我们长期面对压力时，就会产生职业怠倦，心理上没有快乐感。压力的表现，一是心理症状，如抑郁、强迫、恐惧、焦虑，等等。二是躯体化症状，如高血压、胃溃疡、慢性头痛，等等。很多疾病都能找到心理因素，如果心理因素解决了，病就好了。

第六大危险信号：身体疾病折磨。一些疾病，特别是慢性疾病患者，其心理健康状态也在不知不觉中发生变化，这也证明身体和心理是可以互相影响的。有一名士官，他因肾脏原因做过一次较大的手术。术后，这名士官总是感到身体不适，对自己的身体特别关注。他对身体某处的一点不舒适的感觉，如轻微疼痛、酸胀等都有很高的觉察力，并对腹胀、排便不畅、咳嗽等特别关注，并由此推断自己有病，对自己身体的健康状况焦虑不安。整天缠着连队干部要住院检查。后来到某医院做了全面检查，并没有检查出有什么问题。像他这种情况，属于疑病现象。

在基层工作中，诱发心理问题的因素还有很多，刚才所讲的几种，是较为普遍和具有代表性的几种。无论何种情况，都需要我们仔细观察，科学判断，才能使我们拨开迷雾见晴天。

三、帮助官兵打开心结的四种方法

（一）合理情绪疗法

每个人都有一贯的合理情绪，也有一贯的不合理情绪。举一个古老的例子，两个秀才去赶考，路上遇到一支出殡的队伍。一个秀才惊慌失措，感觉赶考遇到黑乎乎的棺材，不吉利，真倒霉。另一位秀才则喜上眉梢，觉得是好事、好事！赶考遇到棺材，这不是预示着得"官"又得"财"吗？看，同样一件事，由于看法不一样，导致一个人心态不一样。

合理情绪疗法就是改变一个人不正确的观念、观点。比如，生活中人们常认为"我对你好，你一定对我好""我对你付出了，你一定要回报我"，其实这都是性格不成熟的表现，心理上还停留在儿童阶段。还有其他不合理的信念，如，凡事追求完美；一件事非黑即白，一个人非友即敌；成功缘于自己的努力，失败归因于外界因素；以前做过错事，至今念念不忘，天天内疚自责。其实，对于有心理障碍的人，只有认真观察，总能找到他的不合理信念，我们的工作就是把不正确的观点、信念指出来，说服其放弃，树立正确的观念，心理障碍自然冰融雪化。

（二）合理宣泄法

合理宣泄也叫无害宣泄，以合理的方式把压抑的情绪倾诉和表达出来，以减轻或消除心理压力，稳定思想情绪。宣泄是一种释放，其作用在于把压抑在心里的愤怒、憎恨、忧愁、悲伤、焦虑、痛苦、烦恼等各种消极情绪加以排解，消除不良心理。军营是个特殊的环境，一些人年轻气盛，难免会出现一些消极情绪，对他们的合理宣泄甚至牢骚，应予以正确的认识和充分的理解。不能认为说了几句不中听的话就是冒犯领导，不能把抹眼泪与意志薄弱画等号。

（1）倾诉。心里有什么问题和积怨，可以找同乡、战友、领导尽情地倾诉出来。倾诉对象一般是最亲近、最信赖、最理解自己的人，否则就不能无所顾忌地畅所欲言。在倾诉的过程中，可能因情绪激动、过度悲伤等因素，说话唠唠叨叨，词不达意，说过头话，甚至发牢骚。对此要给予理解、同情和安慰，并适时予以正确引导。

（2）书写。用写信、写文做诗或写日记等方式，可使那些因各种原因而不能直接对人表露的情绪得到排解。比如写日记，自己对自己"说"，想"说"什么就"说"什么，没有任何心理压力，许多不良情绪就在字里行间中化解了。

（3）运动。有了消极情绪，闷坐在房子里可能"剪不断，理还乱"，到室外去打打球、跑跑步或爬爬山，呼吸一下新鲜空气，让怒气和痛苦随汗水一起流淌，心情就会开朗起来。

（4）哭泣。中国有一句老话，叫"男儿有泪不轻弹"，似乎男子汉是不应该哭泣的。其实，从身心健康这个角度来讲，"泪往肚里流"是不可取的。流泪本身就是一种宣泄，无论是偷偷流泪还是嚎啕大哭，都能将消极情绪排泄出来。研究表明，流泪能排除人体内导致情绪抑郁的化学物质，从而令不愉快的情绪得到缓解，减轻心理压力。

（5）呐喊。人在情绪低落、郁闷压抑时，可以根据所在地的情况，到海边、山顶，或其他比较空旷的地方，放声大喊，借以发泄自己的情绪，消解心中郁闷。合理宣泄法是一种很好的调节心理健康的方法，合理宣泄的方法很多，这里介绍的只是比较常见的几种。每个人都可以探索一种最适合自己的宣泄方法，用来保护自己的心理健康。

（三）放松调节法

人的生理活动与心理活动密切相连，放松调节就是通过肌肉松弛的练习来达到心理紧张的缓解与消除。研究证明，放松调节所导致的松弛状态，可使大脑皮层的唤醒水平下降，通过内分泌系统和植物神经系统功能的调节，使人因紧张反应而造成的生理心理失调得以缓解并恢复正常。放松调节对于缓解紧张性头痛、失眠、高血压、焦虑、不安、疲惫、气愤等生理心理状态较为有效，有助于镇定情绪、振作精神、恢复体力、消除疲劳，对增强记忆、提高学习效率、增强个体应付紧张事件的能力也有一定效果。

（1）一般身心放松法。常用的身体放松的方法有做操、散步、游泳、洗热水澡；常用的精神放松的方法有听音乐、看漫画、静坐等。哪些人需要放松，何时放松，可以通过观察对象饮食是否正常、睡眠是否充足、有无适当运动、处事是否镇定、注意力是否集中等身体和精神状态来确定。

（2）想象性放松法。在指导对象做想象性放松之前，应先让他们放松地坐好、闭上双眼，试着将生活中的一切琐碎和不愉快的事情忘掉，着意去想象恬静美好的景物，如蓝蓝的海水、金色的沙滩、朵朵白云、高山流水等。然后，给予言语性指导，由他们自行想象。比如，使用这样的指示语："我静静地俯卧在海滩上，周围没有其他的人，我感受到了阳光温暖的照射，触到了身下海滩上的沙子，我全身感到无比的舒适，微风带来一丝丝海腥味、一阵阵海涛声……"在给出指示语时，要注意语气、语调的运用，节奏要逐渐变慢，配合对象的呼吸，并经过数次反复，使对象达到放松的目的。

（3）注意力转移法。就是通过引导对象把原有的注意力转移到不同的感觉上，达到放松的目的。比如，可以指导他们把注意力转移到视觉上：静心地看着一支笔、一朵花、一丝烛光或任何一件柔和美好的东西，细心观察它的细微之处；转移到听觉上：聆听轻松欢快的音乐，细细体味，或闭目倾听周围的声音；转移到触觉上：触摸自己的手指，按按掌心，敲敲关节，轻抚额头或面颊；转移到嗅觉上：找一朵鲜花，集中注意力，轻轻地闻它散发的芳香，等等。

（4）呼吸放松法。当在某些特殊的场合感到紧张，而此时已无时间和场地来慢慢练习上述的放松方法时，可以教给对象最简便的呼吸放松法。具体做法是：让他们站定，双肩下垂，闭上双眼，然后慢慢地做深呼吸。可配合他们的呼吸节奏给予如下指示语："一呼……一吸……一呼……一吸"，或"深深地吸进来，慢慢地呼出去；深深地吸进来，慢慢地呼出去……"这种方法掌握以后，也可自行练习。

（四）积极暗示法

人的心理活动分为意识和潜意识两部分。意识活动是我们能够感受到的那部分心理活动，就像浮出海面的冰山一角；而大部分心理活动我们是意识不到的，即潜意识活动，像海面下的冰山。潜意识虽然不为我们所知，却蕴藏着巨大的能量，时时刻刻影响着我们的认知、情绪和行为。意识和潜意识，使用着不同的信号，如果两者能够融合在一起，其产生的心理能量是不可估量的。心理暗示，通俗地说就是通过使用一些潜意识能够理解、接受的语言或行为，帮助意识达成愿望或启动行为。调动潜意识的力量，也就是在开发我们自己的潜能，其中最常用的方法就是进行积极的自我暗示。"飞人"刘翔在起跑前经常要对自己说一些积极的话，鼓励自己；2004年雅典奥运会上获得奥运冠军的网球选手李婷、孙甜甜，其成功也得益于心理教练对她们进行的积极心理暗示。

心理暗示的特点，全在于一个"暗"字，悄悄地潜入人的意识，直接对人们的情绪和意志发生作用。一位博士曾经向笔者讲述他当年考研时的故事："本科的时候，我的外语是俄语，成绩一向不错。可当我决定考研的时候，却发现我所报考的专业要求的是英语成绩，要知道，在英语方面，我完全是一片空白！"然而，他并没有因此感到沮丧，反而决心接受这个挑战。"那个时候，我经常激励自己：我的英语是零基础，相当于一个婴儿，但我掌握的是成人的学习方法，只要我学到一点，我就能多考一分。"抱着这样轻松的心态,他从头学起了英语。两年后,他如愿考取了研究生。其实,他成功的精神力量,就是积极的心态,或者说是内心对一个好的结果的希望,这就是"积极的自我心理暗示"。